U0010957

世界主題之旅

我的

青島私旅行

附濟南、泰山、曲阜、濰坊、煙臺、逢萊閣、威海

作者◎吳靜雯

太雅

目錄
CONTENTS

順著風，暢飲沁涼生啤、
飲他一瓢醇淨甘泉！

中國，是一塊擁有千年文化歷史的土地，那中國味，理當濃得化不開來。

然而，在東邊濱海的一個小角落，卻因臨着湛藍的大海、蔭著傲骨的雪松，還有一棟棟Tiffany氣質藍、公主甜粉紅、溫暖南法黃的童話屋，成就了一方輕快、一份閒逸……這，就是青島。

喔，你以為青島就這麼嗎？那可不！

異國風情的迷人之外，古城區那蜿蜒神迷的小巷道、美麗的夕陽與遠方的大海，總在上上下下的坡道中，突隱、突現。一份探險的驚喜、一抹青島人的微笑，是永遠留在旅人心中的美。

此外，青島四周還有著風情各異的大城小鎮：垂柳噴泉的濟南城，大城市的喧囂，怎麼也抹滅不了那份文人的灑逸；紅牆灰瓦的古樸小鎮曲阜，是聖賢孔子的故里；登泰山而小天下，又怎能不來體驗此番浩氣；暢意翱翔的風箏，穿梭於濰坊的藍天白雲間；蓬萊閣的古意、煙台的海市蜃樓、威海的闊氣，在在都是一塊塊等著你來探訪的山東瑰寶。

走吧，讓我們順著風，到青島暢飲一杯沁涼生啤、到濟南飲他一瓢醇淨甘泉！

特別感謝Joan、雪美、俊億、佳妮等親友團的大方協助！

作者介紹　吳靜雯

喜歡窩居青年旅館，打探各方消息，也喜歡探訪各家精彩旅館，探尋他們為旅客所準備的各種驚喜與巧思。

更細歡在旅行時，慢下腳步，細細體會當地生活文化。

總認為，旅行，應該不只是一趟旅行；可從新接觸的文化，反思自己的生活；也可從面對陌生環境的心情中，看進自己的內心世界。

旅行，或許也是一場最美好的修行、一面有魔法的奇鏡。

靜雯的旅行出版作品：

《Traveller's曼谷泰享受》《泰北清邁．曼谷享受全攻略》《我的青島私旅行》《個人旅行：越南》《個人旅行：英國》《真愛義大利》《學義大利人過生活》《開始在義大利自助旅行》《開始到義大利看藝術》《開始到義大利買名牌》《指指點點玩義大利》《So Easy米蘭》《So Easy羅馬》活頁旅行書《巴塞隆納》

風情掠影

　　山東省旅遊局打出：「泰山從這裡崛起、黃河從這裡入海、孔子從這裡誕生、奧運在這裡揚帆」的口號點出山東特色來吸引遊客。再加上現在已有直航班機及落地簽證服務，2010年山東省就有近40萬人次的台灣旅客。2011年隨著京滬高鐵開通，更便利遊客將行程延伸到北京、天津、上海等地，讓自由行遊客輕鬆安排行程。

山東小檔案

簡稱	魯
省會	濟南
總面積	15.7萬平方公里
總人口	9367萬人
時差	與台灣無時差
電壓	220V
手機通訊系統	GSM 900/180
氣候	山東位於暖溫帶半濕潤季風區，氣候溫和，雨量集中，四季分明。全年平均氣溫11～14℃

山東地理位置及主要城市

山東省地處中國東部、黃河下游。山東半島伸入渤海與黃海之間，東與朝鮮半島、日本列島隔海相望，北與遼東半島相對。

山東省總計17個地級市，包括：濟南市、青島市、淄博市、棗莊市、東營市、煙台市、濰坊市、濟寧市、泰安市、威海市、日照市、萊蕪市、臨沂市、德州市、聊城市、濱州市、菏澤市。

山東省地理位置特殊，為沿黃河經濟帶與環渤海經濟區的重要交匯點，同時也擁有豐富的旅遊資源，包括2個世界遺產：泰山風景名勝區和孔子故里曲阜三孔旅遊區（孔府、孔廟、孔林）。另外還有優雅歐風的濱海城青島、以天下第一泉著稱的濟南城、求仙求道的煙台蓬萊閣、登泰山而小天下的泰安城等。

山東主要城市地圖

山東歷史人物小百科

孔子	出生於山東曲阜，他也在此開設最早的講壇－杏壇，學生將他的講學彙集成影響中國至深的儒家學說《論語》。
諸葛亮	三國時代山東臨沂人，中國歷史上著名的政治家、軍事家、及發明家。
管仲	春秋時期齊國淄博人，為政治家及哲學家，被喻為中國歷史上的宰相典範。
王羲之	晉代山東臨沂人，中國著名的書法家，有「書聖」之稱。
李清照	出生於北宋濟南的女詩人，別號「易安居士」，著有《漱玉詞》詩詞作品集。
蒲松齡	明末清初山東淄川人，為中國史上著名的鬼故事作家，著有《聊齋誌異》，以鬼怪來影射社會的腐敗。據說他當年在柳泉泡茶，請路人分享鬼故事，收集各方鬼怪故事。

製表：吳靜雯

經典美食名菜

山東菜主要由濟南、膠東、孔府菜三部分組成，以濃少清多、醇厚不膩見長。其中膠東菜系源自煙台的福山縣，而後傳入青島，特別以烹煮海鮮著名，味鮮、清淡。

山東著名的風味菜有：炸山蠍、德州五香脱骨扒雞、原殼扒鮑魚、博山豆腐、奶湯蒲菜、氽西施舌、海參、糖醋黃河鯉魚、福山拉麵、青島包子、

許多餐廳會擺出這樣的陣仗方便客人點餐

傳統市場內的各式香料

銀絲卷、槓子頭、窩窩頭、山東煎餅、豆腐捲、長官包子、周村燒餅、盤絲餅等、蔥油餅、韭菜盒。另有孔府宴的詩禮銀杏、神仙鴨子、八寶魚丸等名菜；山東玉米麵食，比饅頭還要扎實，油炸後灌入十多種料再爆製的九轉大腸也遠近馳名。

道地小吃餐館

回族人開的手擀牛肉麵店，推薦大盤雞。

福建沙縣以各種小吃見長，為近年中國各城鎮的平價小吃館，菜色多為炒麵、炒飯、燉湯等。

孜然烤肉串：常見的路邊小攤，豬、牛、羊肉及魷魚燒烤。

驢肉火燒：將驢肉夾在酥烤火燒中。

烤魷魚：塗上孜然醬汁的燒烤，風味有別於台灣的烤魷魚。

肉夾饃：陝西小吃，將臘汁肉夾在類似口袋餅的白吉饃麵餅中，可說是中式漢堡。

過節時的喜氣饅頭

白吉饃

大鍋餅

山東麵食天堂

中東麵食應是中國境內最著名的，現仍可找到許多手工揉製的麵食，口感Q彈有嚼勁，真是讓人深深為之著迷。

山東包子

魷魚燒賣

山東大饅頭

槓子頭

盤絲餅

灌湯包

山東燒餅

烤麵筋串

濰坊風箏

濃濃山東風味的人氣伴手禮

山東著名特產包含濟南羽毛畫、濰坊風箏、濰坊楊家埠年畫、淄博陶瓷、青島貝雕畫、泰山石敢當、曲阜刻印、尼山硯。食品方面則有崂山茶、阿膠、萊陽梨、肥城桃、煙台蘋果、青島啤酒、崂山礦泉水等名產，大多可在超市買到。若是想買上一瓶好酒，則可嘗試中國北方的黃酒代表—即墨老酒，由黍米、麥曲及崂山礦泉水釀製而成，以及煙台葡萄酒、孔府家酒等。

尼山硯

青島啤酒

逛超市買特產

花生豆漿

山東老酸奶

山東老酸奶

花生豆漿

崂山石竹茶

潘高壽川貝枇杷糖

阿膠保健品禮盒

花生煎餅

王老吉涼茶

板栗仁

栗子煎餅

阿膠蜜棗

栗子煎餅

阿膠蜜棗

棗乾

拎著塑膠袋啤酒逛菜市場！

以生啤酒著名的青島，市區各條老街邊也常可看到擺著一桶桶當天早上鮮送的大啤酒桶。青島市民會到市場買菜時，順道拎著一袋透明塑膠袋裝的散啤，一晃一晃地逛街買菜。這可是相當獨特的青島文化，到青島別忘了體驗一回！

風
情
掠
影

山東春夏秋冬玩什麼？

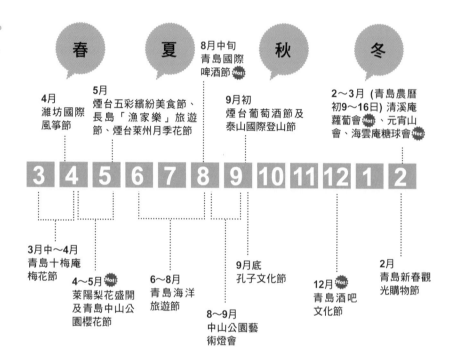

春

夏

8月中旬
青島國際
啤酒節 Hot!

秋

冬

4月
濰坊國際
風箏節

5月
煙台五彩繽紛美食節、
長島「漁家樂」旅遊
節、煙台萊州月季花節

9月初
煙台葡萄酒節及
泰山國際登山節

2～3月 (青島農曆
初9～16日) 清溪庵
蘿蔔會 Hot!、元宵山
會、海雲庵糖球會 Hot!

| 3 | 4 | 5 | 6 | 7 | 8 | 9 | 10 | 11 | 12 | 1 | 2 |

3月中～4月
青島十梅庵
梅花節

4～5月 Hot!
萊陽梨花盛開
及青島中山公
園櫻花節

6～8月
青島海洋
旅遊節

9月底
孔子文化節

8～9月
中山公園藝
術燈會

12月 Hot!
青島酒吧
文化節

2月
青島新春觀
光購物節

玩家精選

青島櫻花會(青島中山公園櫻花節)

　　青島櫻花引進已近百年之久，多栽植在中山公園，共有2萬多株。舉辦了80多年的青島櫻花會，每年4、5月在中山公園舉行，櫻花路上數千株櫻花齊開。

清溪庵蘿蔔會

　　青島市道口路的清溪庵，又名「玉皇廟」，始建於元代，正月初九為玉皇誕辰，在此舉辦盛大廟會「蘿蔔會」，為期3天，期間有蘿蔔雕刻大賽。

海雲庵糖球會

　　青島市四方區海雲街的海雲庵，始建於明代。農曆正月十六是該庵的廟

會，因廟會有許多賣山楂糖球的攤販，因此習稱「海雲庵糖球會」。廟會期間有茂腔、柳腔、皮影、雜耍、剪紙、年畫、秧歌大賽、鑼鼓大賽等民俗活動。

青島與世界乾杯

青島國際啤酒節

　　青島國際啤酒節始創於1991年，每年8月的第二個週末開幕，為期16天，吸引全球各地20多家知名啤酒廠商參加，海內外遊客近300萬人次。節慶期間就如其主題口號：「青島與世界乾杯！」中外友人齊聚一堂「乎乾啦！」節日包括啤酒品飲、文藝表演、飲酒大賽等。

網站： www.qdbeer.cn
地址： 香港東路195號
開放時間： 8月中～8月底，09:30～22:00
票價： 15:00以前10元，15:00以後20元，品酒券25元

青島酒吧文化節

地址： 燕兒島路、閩江路、東海路酒吧區
開放時間： 12月7日～30日
電話： (0532)591 2053

　　青島深受德國啤酒文化影響，冬天一月均溫為-0.5℃，不算特別寒冷。因此冬天還特別推出青島酒吧文化節，在燕兒島路、閩江路、東海路一帶的酒吧、咖啡館區，呈現出溫馨的過節氣氛。

　　酒吧節活動包括：酒吧文化展覽、十大主題酒吧、酒吧文化攝影比賽、名人雞尾酒會、花式調酒比賽、「雙十」酒吧評選等。

山東放大鏡

　　棋盤對弈是山東街頭最常見的休閒活動，老人上街都會隨手帶把椅子。

青島 清灣綠樹
　濟南 古泉之城
泰山 浩氣靈山

　曲阜 聖賢之境
濰坊 詩意翔翔
　煙台 碧海浮光

煙台
威海
濟南
潍坊
泰安●泰山
青島●
●曲阜

青島

Qingdao

清灣綠樹

關於青島

戊戌變法的領導人康有為曾站在青島的小魚山上讚道：「青山綠樹，碧海藍天，不寒不暑，可舟可車，中國第一。」

在青島，幾乎是沒有建築的地方，就是德國槐樹，青島的雪松更可堪稱全國第一，枝葉的伸展，散發出一種迷人的骨氣；春天來得總是特別晚的青島，在櫻花開後，各種花朵隨之綻放，青島多采多姿的一年就此舒展開來。

青島位於山東半島南端，三面環海。德國將歐風建築植入海港城後，青島更搖身成為中國最有氣質的濱海度假城市。

此外，著名的家電公司海爾企業、海信、青島啤酒等大企業均來自青島，讓青島成為中國東部沿海最重要的經濟中心和港口城市之一。

1.五四廣場的碼頭可搭船遊灣，從海上欣賞青島。
2.由熱鬧的中山路一轉彎爬上斜坡，就好似來到歐洲中古小鎮。

青島古城隨處可見這樣的歐洲風情。

　　其實青島以前只是個荒涼的小漁村，1817年11月，德國以「巨野教案」為藉口派兵強占青島，期間大舉建設青島古城，造就今日青島的觀光價值。1914年第一次世界大戰爆發，日本取代德國，對青島進行軍事殖民統治。直到1919年發起「五四運動」，以「收回青島」為號召，1922年才成功收回青島。1938年日本再次侵占青島，1945年國民黨政府接收青島，1949年6月青島終獲自由。

青島人特寫

曾在青島醞釀《邊城》的沈從文說過：「海放大了我的感情和希望，也放大了我的人格。」人口約有750萬的青島人，濱海生活造就了他們開闊的心境，對於外來客十分友善親切。

沿著濱海步道挑著鳥籠，踩著青島的慢步伐。

青島老街風情相當迷人，常有其他城市的美術系學生到此寫生。

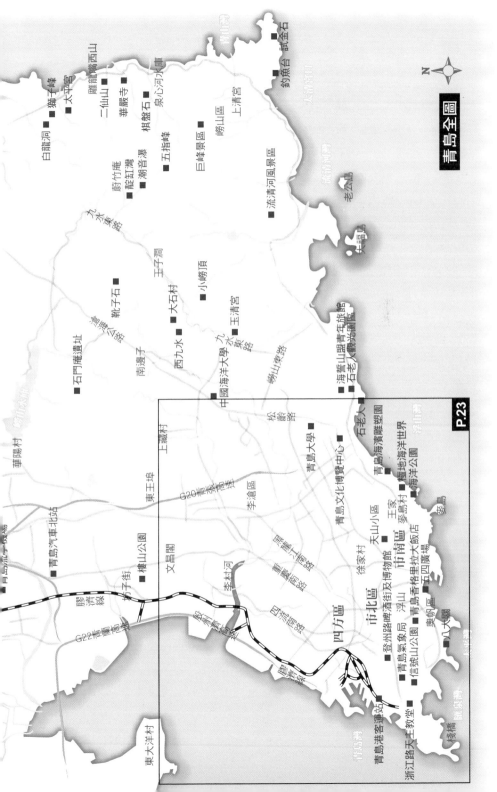

青島一棉醫院

沈陽路

和興路

P.52

青島港

長春路

市北少年宮

青島文化街

青島港客運站

館陶路

巢城青年旅館

兒童公園

青島啤酒博物館

萊州路

青島社區大學

登州路

延安路

P.30

百惠商廈

膠東路

青島市立醫院

膠州路

中聯運動公園

青島氣象局

青島超銀中學

櫸林公園

浙江路天主教堂

觀象山公園

太平山電視觀光塔

青島山公園

青島革命烈士紀念館

中山路

老舍公園

信號山公園

青島中山公園

湛山寺

基督教堂

迎賓館

中國海洋大學

中山公園

青島植物園

青島站

棧橋王子飯店

青島植物園(南門)

海鼎假日酒店

文登路

棧橋

小魚山

激光音樂噴泉

香港西路

匯泉王朝大飯店

南海路

青島灣

青島水族館

海軍博物館

魯迅公園

正陽關路

匯泉灣

公主樓

八大關景區

小青島景區

八大關小禮堂

心遠酒店

花石樓

P.48

青島東海大酒店

太平灣

青島市區全圖

鞍山路　　遠洋西路
●春成閣賓館

敦化路
馬昊家村
倫名都家居
●青島萬達艾美酒店

青島圖書館

福州北路

寧夏路
中聯廣場　IBIS酒店　青島廣播電視中心
延安路
頤中立交橋　天山小區 ●

海防博物館　●富麗大酒店　●大堯村　　　市南區

青島遠洋
船員學校

南京路
創意100　　　逍遙亭　　青島大學
浮山所■　　　　　　　　　　　　（西南一門）

江西路
江西路
福州南路

閩江路
辛家莊北山公園
高雄路

夜店區
青島市政府
●SOHO Bar
山東路
●青島飯店　　東方航空大廈　●Feeling Club
延安三路
香格里拉大飯店　　香港中路
●麗晶大酒店
●家世客東部購物中心
●麗天大酒店　　五四廣場
光大湛山廣場
海景花園大酒店(東南門)
醫院　　海趣園　音樂廣場　　百麗廣場　海情大酒店 ●
海天大酒店
青島海爾洲際酒店 ●

海韶園

奧帆博物館

N

青島行得通

1. 外表古典、內部現代的青島火車站。
2. 總督府舊址旁有市區火車代售處。

航空

青島流亭機場位於城陽區，距離市區約32公里，航班銜接中國各大城市及台灣、日本、韓國、香港。

青島流亭國際機場

（Qingdao Liuting International Airport）

網站：www.qdairport.com

地址：青島市城陽區民航路

24小時綜合服務熱線：(0532)965 67

火車／高鐵

高鐵及一般火車均停靠市區的青島火車站。外部建築散發著濃濃的古老歐洲風情，但內部卻是一派的現代明亮。設有寄物服務。

青島火車站（Qingdao Railway Station）

網站：www.qdhcz.net

地址：費縣路1號

電話：諮詢電話12306，訂票電話9510 5105

前往主要城市車班

城市	需時	高鐵票價
青島→北京	約6～9小時	¥275～330
青島→上海	約10～18小時	¥309～386
青島→天津	約10小時	¥91～286
青島→濟南	約2.5小時	¥122～146
青島→泰山	約3小時	¥144～173

火車站附近哪裡好玩？

地點	方式	需時
中山路百盛百貨	搭車／步行(由火車站朝東走到費縣路，往鄰城路走，左轉廣西路，再左轉就是中山路)	7分鐘
棧橋海水浴場	步行至鄰城路，再往海邊方向走。	10分鐘

1. 四方長途巴士站。
2. 巴士站內部設有商店街及餐廳。
3. 車況都很不錯。

長途巴士

　　山東境內的長途巴士網絡很完善，車況也很好，有些熱門路線還有豪華車種。青島到濟南、泰安、曲阜等地都有流水車，也就是每15～20分鐘就發一班車。青島的長途巴士大都由距離市區約20分鐘車程的四方長途巴士站發車。這是新的巴士站，內部設備良好，有速食店及商店街。

四方長途汽車站

地址：海岸路1號　　電話：(0532) 8297 5982、8371-8060
票價：搭計程車至中山路約為20元

航運

　　韓國仁川（Weidong Ferries）及日本（Orient Ferries）的船班。每週兩班。
環球航運在線船班查詢：www.global56.com/ship/index.ASP

公車

　　從火車站可搭11、26、228及501到濱海各大景點及繁華的香港中路。一般公車為1元，K開頭的冷氣公車為2元。遠距離的公車上通常會有車掌，只要告知目的地，依地點收費，最多為6元。

計程車

　　一般計程車的起步價為9元，豪華計程車起步價為12元，之後依距離及時間每一跳加1元。尖峰時間常很難叫到計程車。
預約電話：9600 9797

地鐵

　　青島目前正在建造地鐵，第一條從火車站發車的M3線預計於2014年完工。

重要資訊

青島旅遊中心
網站：www.qdta.gov.cn
地址：閩江路7號
電話：12301(24小時)
郵局
地址：安徽路8號
營業時間：08:00～18:00

青島二日散步地圖

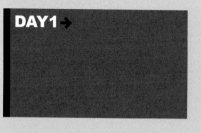

DAY1 →

特選！

出發地點	員警署老鐘樓	中山路	天主堂
青島火車站	走上廣西路，左轉蒙陽路直走到湖北路口。	沿湖北路直走即是中山路主街。	沿中山路往海邊的反方向直走約5分鐘可抵達天主堂。

王姐燒烤	劈柴院	黃島路街市	膠澳總督府舊址（現為人民委員會）
回中山路繼續往前走。	往前直走經過對街的春和樓，就可看到劈柴院小小的入口。	由中山路往回走進四方路，直走四方路右轉。	沿四方路吃小吃往上坡走到芝罘路，再直走到安徽路轉德縣路到沂水路。

基督教堂	信號山公園	總督府（午餐）	老舍故居
沿沂水路往前走到江蘇路。	由基督教堂旁的龍口路直走即可抵達。	由龍山路往下直走，可在怡堡旅館設的德國餐廳戶外座位區喝飲料休息或用餐。	由龍山路走到龍江路轉黃縣路。

美術館	梁實秋故居	中國海洋大學	小魚山公園
黃縣路往下走到大學路。也可往上坡走到藝術系對面的特色咖啡店及餐廳休息。	出美術館左轉到龍口路直走到魚山路。	沿魚山路即可到達。	接著轉福山支路就可以看見小魚山公園。

康有為故居	棧橋	啤酒博物館	登州路（晚餐）
沿福山支路直走右轉。	走到文登路搭車至棧橋看夕陽。	搭車到登州路。	暢飲啤酒、大啖海鮮。

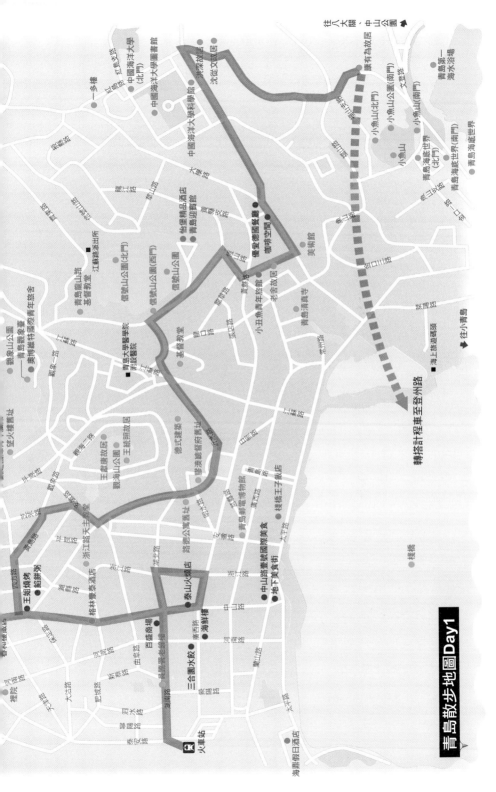

青島散步地圖Day1

青島放大鏡

青島有句話說：「泳衣穿在外，啤酒裝在塑膠袋！」由於海水浴場緊鄰著繁華鬧區，逛街或游泳都很方便。當地人民買的不是瓶裝啤酒，而是散裝的新鮮啤酒，是用塑膠袋裝，而且是論斤賣的。

DAY2→

出發地點	八大關	嶗山	奧帆中心
中山公園及百花苑	搭車或步行，參觀公主樓及花石樓。	搭車前往。回程可停極地海洋世界及石老人區，啤酒節期間，可前往青島國際啤酒城。	搭車到奧帆中心。

百麗廣場及海信購物中心	五四廣場
沿海邊步行約10分鐘，可在此用餐。	沿濱海步道行經海上噴泉走到五四廣場。

TIPS

若有三天的時間，可將中山公園、八大關、太平角、海水浴場規畫成一天，優閒享受濱海假期。

青島散步地圖Day

青島必遊景點——
觀光街區攻略

　　青島的觀光區大致可分為：古城區及棧橋、中山公園及八大關區、東部新區（五四廣場及奧帆中心）、登州路及台東步行街區、嶗山區。

　　古城區由迷宮般的小徑構成而成，上上下下的坡道、迎面而來的清爽海風，真讓人甘心快樂迷路，而黃島路街市大方展現的熱力，魚山路及福山支路的文學氣息、古典老房舍，更是迷人；中山公園及八大關則盡情展現青島的優雅面；東部新區以亮眼的燈光效果及高級購物中心吸睛；登州路啤酒街讓你領略青島啤酒的香醇與歡樂，為了它而願意一再拜訪青島；嶗山的道教傳說，在遊客的蜂擁下，漸蒙上俗世風塵，但且往山裡鑽吧！一年四季的山林景色，都有不同風情。

　　古城區及棧橋均可步行參觀；中山公園及八大關區可搭配市區巴士；東部新區由棧橋出發，須搭公車或計程車，約20～30分鐘車程。從古城區或東部新區前往登州路，可搭乘公車或計程車，約20分鐘路程。嶗山較偏離青島中心，因此需搭旅遊專車或公車，計程車最好是包車，回程時才較沒問題，多人共乘也划算，且較省時。

黃島路街市區。

古城區

劈柴院小吃城
（四季海青年酒店）
春和樓飯店
往即墨路購物區

裡院
河南路
四方路
凱越國際青年旅館
望火樓

天津路
王姐燒烤
街市
餡餅粥
黃島路

大沽路
保定路
平原路
觀象路

肥城路
濰縣路
浙江路天主教堂
安徽路
肥海二路

泗水路
新泰路
河南路
王獻唐故居

寧陽路
曲阜路
浙江路
觀海山公園
王統照故居

泰安路
湖南路
員警署老鐘樓
百盛商場
湖北路
路德公寓舊址
德式建築

火車站
三合園水餃
泰山火燒店
明水路
膠澳總督府舊址

蒙陽路
廣西路
海鮮樓
安徽路
沂水路

河南路
中山路
浙江路
莒縣路
青島郵電博物館

蘭山路
廣西路
青島路

海鼎假日酒店
太平路
中山路壹號國際美食
地下美食街
太平路
棧橋王子飯店

浙江路：有天主堂座立於此。

沂水路：多為德式老建築。

江蘇路：有著名的基督堂

德縣路：總督府牧師的宅邸在這裡。

福山支路：康有為故居在此。

棧橋

福山路門牌3號是現代作家沈從文故居。

N

黃島路：殖民時期的華人住宅區，傳統街市。

觀海一路：平原路與濟寧路之間，可到老天文台。

福山路門牌1號是電影劇作家洪深故居。

象山公園
青島觀象臺
博維特國際青年旅舍

江蘇路

齊東路

青島龍山路
基督教堂

江蘇路派出所

信號山路

信號山公園(北門)

龍江路

華山路

一多樓

紅島路　紅島支路

中國海洋大學
(北門)

中國海洋大學圖書館

大學醫學院
醫院

信號山公園(西門)

信號山公園

基督教堂

龍口路

黃華路

張店路

黃縣路

怡堡精品酒店
青島迎賓館

大學路

中國海洋大學科學館

洪深故居

沈從文故居

黃縣支路

恒山路

小丑魚青年旅館

老舍故居

優愛德國餐廳
咖啡空間

常州路：有監獄及媽祖廟。

青島清真寺

美術館

福山路：第一海水浴場(搭巴士到福山路口下，沿石階往下走)。

常州路

魚山路：青島海洋大學附近，名人故居群。

魚山路

金口三路

福山路

福山支路

往八大關、中山公園

康有為故居

小魚山(北門)

小魚山公園(南門)

小魚山

文登路

小魚山(南門)

萊陽路

旅遊碼頭

魚山支路

金口一路

青島海底世界
(北門)

青島海底世界(南門)

青島第一
海水浴場

往小青島

青島海底世界

永遠不知道前面是否還有路的古城區。

觀象山這區有許多可愛的小房舍。

觀象山
小漫遊

從觀象山上可欣賞青島市區景色。

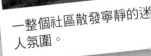

一整個社區散發寧靜的迷人氛圍。

在古城優雅快樂的迷路

青島有海灣又有丘陵小山，地勢高低起伏，所以道路巷弄鮮少是正南、正北或正東、正西，大多蜿蜒曲折，路口常是三叉路或五叉路，古城區就像個安靜又優雅的大迷宮。

另也推薦往觀象山走，站在觀象臺可看盡忽升忽降的老城區。不過最有趣的是往望火樓這區鑽，每當你覺得前面是條死巷時，卻忽又有個小小的窄峭階梯延伸到你不知道的那裡，十分有趣。

員警署老鐘樓 📷

這座美麗的老建築，在德國占領前是清朝兵營，德國占領青島後，1904年開始建造這座鐘樓，宣示著管理權力的移轉，將清朝的巡邏換成了員警。而現在，自然是轉為當地公安掌管，現為青島公安局。

地址：湖北路29號公安局　**電話**：(0532)6657 0151
前往方式：位於蒙陽路與湖北路口，從青島火車站或中山路百盛百貨步行前往，均需時約7分鐘

中山路 📷

長長的百年老街中山路，一直延伸到棧橋附近，是青島市最早的商業街區。德國占領時期，以德縣路為界，往南到濱海為德國人居住的「青島區」，德縣路以北則是中國人住的「鮑島區」。

從德國統治時期到現在，中山路一直是最潮的購物街，不過近年來購物商圈轉移到台東三路步行街，現多為特產店及中價位商場。最高的建築為百盛商場。

然而現在中山路仍保留許多百年老建築及老字號，如「頭戴盛錫福，腳踏新盛泰，身穿謙祥益，手戴亨得利」，也就是當年吳佩孚所題字的盛錫福帽子店、新盛泰皮鞋店、謙祥益服飾店及亨得利名錶店。

前往方式：由青島火車站步行前往，約15分鐘

1. 長長的中山路一直延伸到濱海的棧橋區。**2.** 中山路上仍可看到許多百年老字號

天主堂是熱門的婚紗拍照地點。

天主堂 📷

　　青島天主堂又稱為聖彌愛爾天主教堂。1898年德國入侵後，德國人就開始著手哥德式教堂興建計劃。後因青島轉手日本，計畫就此擱置。1932年教宗認可青島教區，才又請德國設計師修改原設計圖繼續修建，改為哥德式與新羅馬式風格。歷經30多年，教堂終於在1934年完成。

　　這座由花崗岩打造的教堂，內部呈十字型架構，兩側為60公尺高的鐘塔，整體風格結合了哥德式的輕巧及羅馬式的穩重。教堂內部為理性的文藝復興風格，高18公尺，以7座大吊燈裝飾，穹頂為聖像壁畫。

　　由於這座教堂散發著迷人的歐洲風情，因此當長假結婚潮來臨時，教堂廣場就會聚集好幾十對新人拍照，也算是中國奇景之一！

地址：浙江路15號　電話：(0532)8286 5960　開放時間：08:00～17:00，週日12:00～17:00　票價：5元，週日禮拜時免費。　前往方式：搭2、5路公車在百盛站下車，或702機場巴士在格林豪泰站下車，由中山路上麥當勞對面的格林豪泰旅館旁（肥城路）往上坡走即可抵達

青 島 放 大 鏡

山東交通稍顯混亂，人車互不相讓，非常危險，需再三小心。

1.天主堂是熱門的婚紗拍照地點。
2. 結婚潮時，整個廣場擠滿拍婚紗的新人。
3.4. 天主堂附近的老舍公園，中午時間會出現的矮桌小吃。

劈柴院

中山路的劈柴院是青島必訪之地，從繁華的中山路矮身彎進劈柴院，就好像回到傳統巷弄間。

這裡原本有很多賣柴竹的劈柴屋，德國占領後，在此修建了江甯路，青石路上的紅磚房，聚集許多小餐館。但後來這裡逐漸沒落，市政府於2009年又恢復劈柴院舊貌，復興老戲院，沿街更有許多小吃，如小籠包店、南肚、蒸海膽等海鮮店，呈現出一派的熱鬧與歡樂氣息。裡院內的江甯會館是青島曲藝文化的發源地，現有定時表演，遊客可在此喝茶看戲。

劈柴院中山路入口

地址：中山路北端、江甯路　開放時間：10:30～22:00　票價：免費　前往方式：搭2、5路公車到劈材院站下車，或由棧橋步行約20分鐘，由天主堂步行約10分鐘

山東放大鏡

劈柴院的裡院風光。

如果你想認識最道地的青島，那麼除了光鮮亮麗的青島之外，一定要走進「裡院」，在交錯的吊衣繩間，一窺青島最樸實的百姓生活。

裡院是一種中西合併的建築，走進大門洞後，是許許多多戶人家組成的大雜院。再加上青島上上下下的地勢，有些人家還要穿過窄舊樓梯才能走到家門口。院裡也總有道地的小吃館、理髮廳、曬太陽的老人、嬉戲的孩童。而著名的劈柴院屬於裡院型態，共有20多個院落組成。不過這區已觀光化，想看看老裡院，可往山西路走（河南路附近），短暫的體驗青島平凡又溫馨的裡院生活。

黃島路街市

　　若說劈柴院是專為觀光客而設的，那麼黃島路街市則是毫不做作、生動不已的熱力集散地。這區是以前德國人住宅區後面的華人區，因此中國味較重，還可找到一些百年老店，例如由中山路轉進德縣路可抵達百年餡餅粥店、四方路43號的瑞芬茶莊、四方路25號的狗不理中餐廳。

　　由四方路往上坡直走，沿路是各種生猛海鮮、新鮮蔬果。當然，以麵食聞名的山東，更少不了香味四溢、讓人口水直流的包子、饅頭、燒餅老店。

1. 四方路區極具古城風情。
2. 黃島路街市一隅。

這個市集一整天都營業，建議可在此享用早餐，吃包子饅頭，配碗豆漿，傍晚時再來一巡，從坡頂上往下看夕陽餘暉的人間剪影、老石路、澄黃老屋，靜靜傾聽青島的聲音，這個人人認為很歐風的中國城市。

地址：四方路、黃島路　開放時間：06:00～18:00　前往方式：搭2、5路公車，由中山路轉進四方路，右轉到黃島路；由棧橋步行約20分鐘，由劈柴院或天主堂步行約5分鐘。

獨家玩法 四方路與博山路、易州路之間有多家燒烤店，建議在此用晚餐，配上沁涼的青島散啤。

膠澳總督府舊址（現為人民代表大會） 📷

　　耗資85萬德幣馬克的膠澳總督府，於德國人占領青島時所建設，以傲人之姿誕生於1906年。總督府舊址屬於歐洲公共建築樣式，面積達7,500平方公尺，高20公尺。其地理位置絕佳，背靠青島山、西臨青島灣，凹字型建築有如向外放射出去的權力中心，其概念與中國的傳統建築布局截然不同。

　　總督府舊址的右前方為1941年完工的膠澳帝國法院舊址，立面呈現出德國人的理性風格，而圓弧形紅頂則透露著童話般的浪漫思維。

地址：沂水路11號　開放時間：08:30～17:00　票價：10元　前往方式：搭乘1、6、26、217、220、225、367路公車於青島路下車

1. 頗有氣勢的膠澳總督府舊址建築外觀。2. 信號山公園

信號山公園 📷

　　信號山公園位於觀海山公園與八關山之間，五條以龍字開頭的路交會於此，因此又稱為「五龍山」或「大石頭山」。在島灣附近即可看到山頂的三顆大紅球，這是德國占領期間，為了引導船隻進出港口所建造的信號塔，因此後來改名為「信號山」。現為觀景公園，園內多為現代人工建築，主要為3棟不同高度的紅色圓頂蘑菇樓：一號樓的旋轉觀景樓、二號樓的娛樂廳樓、三號樓的郵電局微波站。另外還有六曲長廊、玉蘭亭、觀景台、俄羅斯小木屋等，五樓設有旋轉餐廳，每20分鐘旋轉一次。雖然這裡多為人工化建築，但由於信號山地處制高點，可觀賞到青島的城海景致，仍吸引許多遊客到此拜訪。每年端午節時，許多市民會到此採艾蒿，以求身體健康平安，而重陽節則是登高望遠的好時節。

地址：龍山路17號　電話：(0532)8279 4141　開放時間：旋轉台夏季07:00～19:30、冬季07:00～18:30　票價：15元（公園另付5元、信號塔另付10元、旋轉餐廳門票另附30元）　前往方式：龍山賓館購物街旁，乘217路車可到達

江蘇路基督教堂 📷

　　由沂水路或平原路前往，遠遠就可看到由綠色銅片覆蓋的可愛鐘樓聳立於小山丘上，這就是最具德國童話色彩的基督教堂。

　　當德國基督教信義會派傳教士來青島傳教時，聘請德國建築師羅克格（Roghkegel）建造基督教堂。1910年完工後，最初只開放德國信徒聚會，因此當地人稱之為「德國禮拜堂」。

　　教堂小巧可愛，主要分為鐘樓、禮拜堂兩個部分，院內還有兩座小建築，一座是附堂，另一座則是傳教士住宅。基督教堂的外牆為米黃色波紋設計，與眼前的海波遙遙相映。牆面雖然大量採用粗糙的花崗岩及石塊垂崁飾，但整體風格卻不顯笨重，反而呈現出一種脫俗的童話感。站在綠意盎然的庭院欣賞整座教堂，彷若來到了歐洲古堡，有一股相當迷人的氛圍，是我認為來青島的必訪之地。

1. 老鐘樓。
2. 基督教堂內部。
3. 圓弧造型的教堂有如一棟童話屋。
4. 由鐘樓上可眺望青島海景。

　　鐘樓部分現也開放大眾登塔參觀，樓高約39公尺，外部三面牆上鑲有機械式報時鐘，因此當地人又稱之為「鐘錶樓」。這些鐘都是1909年原裝老鐘，可上塔樓細看機械鐘的構造，了解它是如何日復一日準確報時的。

地址：江蘇路15號 電話：（0532）8286 5970 開放時間：09:00～17:00 票價：7元。週日上午免費。 前往方式：搭乘1、217、228、367、25、26、304路公車

分區遊逛──古城區

總督府（迎賓館）📷

　　1897年德國侵佔青島時，膠澳德國總督官邸選在信號山的半山腰，普遍稱為「總督府」。總督府大量採用黃色基調及性格鮮明的花崗岩裝飾，呈現出雄偉的古堡氣勢。外牆則以波浪紋裝飾，有如從總督府上所看到的粼粼波光。內部則為宮庭式木質結構，給予一種溫暖的氛圍。正門牆上由淡綠色、淡灰色花崗岩石組成光芒四射的太陽紋飾，牆角伸出一根大石柱，象徵「錨鏈」環繫於太陽四周，並以帆結裝飾，在波浪飾簷頭上伸出諾曼第龍頭。屋頂則由米紅色銅瓦、藍色魚鱗瓦及綠色牛舌瓦鋪設而成。

　　1922年中國收回青島後，這裡成為歷代青島市長官邸及招待所，因此1934年更名為「迎賓館」。室內1樓是半地下空間，為隨從房間及飯廳；2樓分為門廳、中廳、交談廳、會客廳與跳舞廳，總督的臥房與辦公室則位於3樓。每個房間風格各異，會客廳主調為黃色，因此又稱為「金色大廳」。

2

1. 頗具德國理性設計思維的吊燈。**2.** 德國人嚴謹的做工，讓這些百年木質家具仍保留完好。**3.** 總督府外觀以性格鮮明的花崗岩裝飾。

由於德國人做工嚴謹，因此府內的所有家具、木質地板、木櫃、木門均為百年工藝品。而且所有房間都可相通，以方便總督進出、快速移動。從1樓望向2樓時，可看到一個小小的突出視窗，據說這是總督偷看賓客的地方，以決定是否要接見。

現在總督府還開放舉辦婚禮，可在裡面辦場浪漫的新婚派對。總督府出口設有怡堡旅館經營的德日餐廳，供應道地的德國及日本料理，並有大量的葡萄酒藏。若不是用餐時間，則可在戶外座位區點杯飲料稍做休息，享受山區蟲鳴鳥叫的愜意。

地址：龍山路26號　電話：(0532) 8288 9888
開放時間：08:30～17:00　票價：20元，淡季13元（11月1日～次年3月31日）　前往方式：可搭26、217路公車

走進歷史老建築

沂水路5號：德國設計師斯提克夫斯的宅邸。

沂水路9號：木造綠色陽台老屋，為德國海軍營部舊址，建於1899年。

德縣路3號：總督牧師宅邸，其紅色的哥德式山牆及細緻的舷窗，都是相當值得參觀的老建築。

1. 總督府出口處的德國餐廳。2. 總督府內部陳設高雅。

1. 綠樹成蔭的大學路。2. 美術館。3. 很像電影場景的校園。

美術館 📷

　　青島最有氣質的大學路上，有棟優雅的美術館，集羅馬柱廊、中國宮殿、阿拉伯風格於一身。美術館大廳為18公尺的透明穹頂設計，將展廳共分3區：羅馬展廳、大殿展廳（含東、西廂展廳）、伊斯蘭展廳。主要展覽廳為羅馬展廳，共有22間，現在多為短期藝術展，可惜策展及內部規劃都不夠好。

地址：大學路7號 電話：(0532) 8288 8886 票價：免費 前往方式：25、307路車大學路下車，或由老舍故居步行約3分鐘

中國海洋大學 📷

　　青島海洋大學最早是德國俾斯麥兵營，1958年以前改為青島大學，2002年正式更名為中國海洋大學。許多著名的作家，如老舍、梁實秋、沈從文、聞一多、吳伯簫、洪深等，都曾在這裡執教，校園裡充滿了人文氣息，走在古典的德式老校舍、木質窗框的迴廊間，還會誤以為自己已在《未央歌》的年代呢！

網站：www.ouc.edu.cn 地址：松嶺路238號 電話：(0532) 6678 2730 票價：免費 前往方式：1、25、217路公車在黃縣路下車，往東拐入紅島路，即可抵達中國海洋大學內的一多樓

獨家玩法
美術館門口旁有家別具風味的茶館，另一邊的小屋則是書法學習室，參觀後可往上坡走到藝術系對面的咖啡空間或優愛德國餐廳休憩。若還有時間也可到常州路23號的監獄博物館。

獨家玩法　最佳觀景點為校園內的籃球場階梯，可同時看到總督府及信號山。

古城故居遊

聞一多故居 📷

　　校園內的一多樓靜靜地座落在校園西北角，雖然從大門走過來有點距離，不過爬滿樹藤的黃色老花崗岩牆，頭頂著可愛的紅瓦，細長窗口上還有雅致的雕飾，盡情展現寧靜的文學氣質。一多樓前立著聞一多的半身大理石雕像，座上的碑文是他的學生臧克家所寫的。花壇兩側的雪松，更增添這小角落的脫俗感。現在一多樓改為「聞一多故居展室」。

地址：松嶺路238號　票價：免費　前往方式：1、25、217路公車在黃縣路下車，往東拐入紅島路，即可抵達中國海洋大學內

老舍故居 📷

　　30年代中期，老舍在國立山東大學中文系任教期間，即居住在此，並在此期間完成了老舍最著名的長篇小說《駱駝祥子》及中篇小說《文博士》。

　　老舍故居雖然規模不大，但小洋房內播放著駱駝祥子任勞任怨的影片聲音，櫃裡靜靜躺著老舍的手稿及作品，院裡、窗邊靜謐的小巷風情，皆圍構出一股悠悠的文學氣息，令人甚是著迷，不經意地成為旅人心中最愛的青島景點。

1. 聞一多的雕像及故居。**2.** 老舍故居。**3.** 故居雖小，但完整地展出老舍過往生活的點點滴滴。

喜愛老舍作品者，不妨在旁邊的小書房買本書，蓋上老舍故居章。在旅途中，隨著祥子樸實的步伐，跑遍大街小巷。

地址：黃縣路12號　開放時間：週一～週日全天開放　票價：免費　前往方式：1、25、225、307路公車大學路下車，或由總督府沿龍山路轉黃縣路，步行約10分鐘

可在故居旁的小書店買老舍的作品蓋章紀念。

關於老舍

舒慶春，筆名老舍，1899年出生於北京，為滿族正紅旗人，原姓為舒舒覺羅氏，中國現代最著名的作家之一。後曾任教於濟南齊魯大學及青島山東大學，深受五四運動影響，善於描寫平民生活，1937年的駱駝祥子為其代表作。不幸的是，文革期間這樣一位深為底層人民發聲的作家，仍難逃被嚴厲批鬥的命運。某天清晨，老舍決定投入北京太平湖，結束自身悲苦的命運輪轉，享年67歲。

代表作品：《駱駝祥子》、話劇《茶館》、《老張的哲學》、《貓城記》、《四世同堂》、《我這一輩子》、《月牙兒》、《陽光》等。

康有為故居 📷

「戊戌政變」領導人康有為，初次拜訪青島就為之傾倒，後來購置了這棟稱為「天遊園」的德式磚木建築，晚年長居於此，潛心研究書法。

建築本身建於1900年，最初為德國總督副官官邸。內部正廳為陳列室，門上懸掛「康有為故居」匾額，其他設展室陳列了康有為生前事蹟及背景資料、遺物、書法遺作。內部傢俱多為清朝第二代恭親王溥偉所贈，整體佈置文雅。

康有為故居算是青島名人故居中最值得參觀的建築。整棟樓的樣式別致，輝映著福山支路與魚山路的樸雅氣息，淋漓盡致地展現着青島老城的韻味。

地址：福山支路5號　開放時間：09:00～17:00　票價：10元前往方式：搭公車6、15、26、304、311、312、316路到「海水浴場」站

康有為故居。

魚山路文學家故居

　　國立青島大學附近的魚山路，是30年代許多文人、科學家的居住地區。沿路有33號的梁實秋故居、9號的中國海洋學家赫崇本故居等。彎曲的馬牙石路、黃藤綠葉褐牆，五月更開滿淡紫色的桐樹花，絕對是老城區最美散步地。

小魚山公園

　　小魚山海拔約60多公尺，山勢不高，但位於古城區尾端，前臨海灣，是眺望青島老城區的最佳地點。小魚山內有座高18公尺的「覽潮閣」，是3層樓的八角形閣樓。前可觀看海灣，將第一海水浴場、小青島與棧橋等景觀盡收眼底。往後望則可看到許多青島著名地標，如信號山、總督府、山東電視塔等。

地址：福山路24號　開放時間：7:30～18:30　票價：15元，回瀾閣4元　前往方式：由大學路轉魚山路直走約10分鐘

小魚山公園一隅

1. 棧橋夜景。**2.** 橋底的棧橋地標——回瀾閣。**3.** 橋前的地下道內有美食街。**4.** 棧橋區海邊傍晚時，許多遊客在此趕海撿貝。

棧橋 📷

　　青島啤酒的商標就是這座棧橋，我們可以說「有青島，就有棧橋」。因為當年清朝欽差大臣李鴻章要到青島（當時稱膠澳）巡視，以其官等應搭乘大型官船抵達，然而青島當時只是個小漁村，便臨時修建了一個港口，後來一直沿用，也就是棧橋的原形。棧橋初建於光緒18年（西元1892年），是青島最早的軍事專用人工碼頭建築。德國侵占青島後，轉為貨運碼頭。解放後膠州灣新建了大型深水良港（就是現在亞洲最大的貨櫃碼頭），棧橋已不再使用，後來便修築小展覽館回瀾閣，用以舉辦美術、攝影等藝術展覽。

　　棧橋位在青島灣中，與小青島隔水相望，繁華的中山路向南延伸到此。橋長440公尺，底端為充滿中國風格的回瀾閣。棧橋以「長虹遠引，飛閣回瀾」擠身為「青島十景之一」，其位置絕佳，橋身從海岸探入彎月般的青島灣，很適合過來欣賞彩霞滿天的傍晚景色。

地址：市南區太平路12號 電話：(0532) 8288 4548 開放時間：隨時 票價：免費，回瀾閣4元 前往方式：棧橋距青島火車站僅0.5公里，也可搭2、5路電車和6、8、25、26、231、301、304、305、307、316、321、501、801路公車

獨家玩法

喜歡散步者，推薦從棧橋出發，沿海棧道往東走。途經魯迅公園、小魚山公園，前者是觀海的好去處，後者是俯瞰城市綠樹紅瓦的最佳地點。由魯迅公園往小青島公園有些平價的海鮮大排檔。

青島海底世界

　　青島海底世界位於青島匯泉灣，主要展區分為潮間帶、海底隧道、海洋劇場、世界第一大單體壓克力圓柱展缸、熱帶雨林區等。

　　隧道的視野設計佳，讓觀者彷如置身於大海，優游於彩魚間。另外還可在館內看到各種海洋生態，包括：青島水族館、海獸表演、海洋生物及名貴觀賞魚。由於青島灣礁石環繞，因此還可在此看到精彩的珊瑚礁生態。

網站：www.qdhdworld.com 地址：萊陽路2號 開放時間：08:00～17:30，週六、日08:00～18:00 票價：100元 前往方式：由棧橋搭2、223、316路公車約12分鐘

小青島

　　棧橋東南方的小青島，由於島上終年綠意盎然，因此最初取名為「青島」。小青島與大陸之間有條防波堤連接，整個形狀就像一把古琴，因此又稱為「琴島」，應其名，廣場上建有手抱古琴的琴女」雕像。整個小島現已闢為公園，園內各式花草搖曳，旅人可在涼亭、餐廳悠閒欣賞小青島。

地址：琴嶼路2號 電話：(0532) 8286 3944 開放時間：07:30～18:30 票價：15元 前往方式：搭乘6、26、202、223、501、801、231、304、311、312路公車到魯迅公園下車

青島放大鏡

青島有句順口溜：「青島走一圈，中國跑一遭！」因為青島市的街道皆以各城市命名，連台灣也被網羅在內。所以當你在青島街頭漫步時，會看到高雄路、台東路、彰化路、香港中路、台灣路等。

古城故居遊

青島郵電博物館

2010年在膠澳德意志帝國郵局舊址上建立的新郵電博物館，收藏了3千多件文物，展示青島的郵電發展史。最豐富的收藏為100多部老電話機，其中包括1905年愛立信所製造的壁掛式木刻電話、德國總督府曾使用過的電話、二戰期間美德軍隊配用的電報合一步話機以及法國人所使用的三方通話機。

博物館1樓為免費區，還原百年前德國時期的老郵局樣貌，另還有個復古商店，販售許多有趣的明信片，寫好之後可貼上郵票由此寄出，還可以指定信件，在10年或20年後某個特定日子才寄出！博物館2樓則可讓遊客在與電腦連接的發報機上，將文字轉為數字，再轉為摩爾斯密碼，彷彿置身於戰爭片中。廣西路附近也有許多典雅的老建築，參觀博物館後可往中山路方向走。

地址：安徽路5號 電話：(0532) 6889 7889 開放時間：09:30～17:30 前往方式：由棧橋王子飯店轉進安徽路，走到廣西路口

1. 廣西路上的老建築。
2. 青島郵電博物館。

中山公園

　　老舍在「五月的青島」一文中提到：「櫻花一開，青島的風霧也擋不住草木的生長了。海棠、丁香、桃、梨、藤蘿、杜鵑，都爭著開放……五月的島上，到處花香……看一眼路旁的綠葉，再看一眼海，這才明白了什麼叫作『春深似海』。」若要欣賞春深似海的景象，青島最大的中山公園是相當理想的地點。園內種了360多種林木，共達10萬多株，其中以櫻花路上的2萬株東洋櫻花樹最為耀眼。每年4～5月櫻花陸續綻放，粉的、淺紅的櫻花爭疊綻放，而白色梨花及桃紅色桃花也競相盛開。五一假期前後20天，還會在此舉辦櫻花會。中山公園旁，延安一路55號的百花苑，原為外國人墓地，但文革時被嚴重破壞，後來便將這些墓遷往別處，現為優美的公園地，園內小橋流水，時而看到青島藝文家雕像。

中山公園旁優美的百花苑

地址：文登路28號　**電話：**(0532)8287 0564　**開放時間：**09:00～21:00　**票價：**免費
前往方式：搭6、15、31、206、302、223、304、321路在中山公園下車

百花苑
中山公園(西門)
中山公園
青島中山公園
■青島中山公園票務服務
黃海飯店
青島匯園賓館
文登路
香港西路
中山公園
隋陽路
小魚山(南門)
激光音樂噴泉
青島第一海水浴場
匯泉廣場
武勝關度假酒店
武勝關路
第一海水浴場
匯泉王朝大飯店
正陽關賓館
嘉峪關路
函谷關路
太平角
青島太平角公園
山海關賓社
正陽關路
凱來花園渡假酒店
臨淮關路
八大關景區
太平角一路
青島太平角公園
公主樓
青島八大關錦繡園酒店
元帥樓
公共廁所
八大關賓館
第二海水浴場
八大關景區
花石樓
一杯滄海咖啡館

中山公園 & 八大關區地圖

N

八大關區內可看到各國建築風格。

八大關區 📷

八大關以其夢幻般的建築群及優美的街景聞名。德國占領青島時，德式、俄式、英式、美式、法式、義大利式、丹麥式等200多棟不同風格的建築紛紛在此出現，因此又有著「萬國建築博覽會」之稱。其中以花石樓、公主樓、宋式花園、義聚合別墅等最為著名。

除了建築之外，八大關之所以如此特別，還在於每條街上的不同街樹，韶關路兩側為碧桃和櫻花，春季真是浪漫不已；正陽關路的街樹為夏季開花的紫薇；居庸關路為秋紅的五角楓；寧武關路為海棠；紫荊關路有著堪稱全中國第一的雪松，那種寧靜、溫厚又傲昂的姿態，相較為生長在太平角紅黃岩石間的雪松，又是另外一番姿態，令人著迷不已。

地址：匯泉角東部　地址：(0532) 8288 5943　開放時間：全天開放　票價：免費　前往方式：乘26、304、315、31、202、212、223、228、316、321、501、801路等公車到「武勝關路」下車。也可沿棧道走到百麗廣場及五四廣場

八大關命名由來

八大關，東起太平角、西至匯泉角、北到岳陽路、南至海邊這一區共分為：八大關別墅區、太平角旅遊度假區、太平角、匯泉角以及岳陽路療養區五部分。共有八條馬路，皆以中國長城的八個關隘命名（山海關、嘉峪關、武勝關、寧武關、居庸關、韶關、紫荊關、正陽關），所以統稱為「八大關」。後來又加了二條路（函穀關、臨淮關），但八大關的舊名仍沿用至今。

1. 公主樓。**2.** 花石樓

花石樓 📷

　　據說西元1931年時，一位流亡到中國的白俄羅斯貴族，因為喜歡這裡的海景，便決定在此造屋。他將這棟屋子設計為5層樓，最頂樓為觀海台。建築正面採以圓形和多角造型，融合了古希臘與羅馬風格，也帶點哥德式的輕盈。內部門窗部分以彩色玻璃裝飾，陽光穿透而入，灑落在老旋轉梯上，帶出華麗的步調。由於建築外牆為青島常見的花崗岩，再以鵝卵石鑲飾，因此命名為「花石樓」。

　　這裡也曾經是蔣介石及蔣宋美齡喜愛的小別墅，國民政府時期，幾乎每年都會來此度假，因而得了個「蔣公館」的別名。

　　除了花石樓外，居庸關路的公主樓，也是八大關裡別具風情的建築。牆面為高雅的Tiffany藍，紅瓦尖頂建築為典型的丹麥式風格，據說當年是為了迎接丹麥公主而建的。現已改為腎病中心。

地址：黃海路18號　**開放時間**：全天開放　**票價**：8.5元　**前往方式**：可搭26、31、206、223、304、311、312、316、317、321、501、604、801、802路公車，在武勝關路站下車

獨家玩法

青島市政府在海岸沿線鋪造了一條美麗的濱海步行道，西起團島環路，東至石老人公園，由西向東依次為：團島灣景觀區、青島灣景觀區、匯泉灣景區、太平灣景區、浮山灣景區、老龍灣景區、石老人旅遊度假景觀區。其中最推薦的是匯泉灣及太平角這段，連成一氣的宜人氣質。

太平角

太平山電視觀光塔

　　太平山的電視塔也是青島的地標之一，為中國第一鋼塔，坐落於116公尺高的太平山上，建於1971年，為鋼鐵結構，高232公尺。遊客可搭電梯到觀景台，一面喝啤酒，一面觀賞青島市區及海景。

網站：www.qtv.com.cn　地址：太平山路10號　電話：(0532)8365 4020　開放時間：4月～10月08:00～20:00，11月～3月08:30～17:30　票價：50元

太平山電視觀光塔。

青島葡萄酒博物館

　　博物館多為靜態展，建議晚上可到延安一路的紅酒坊街，沿路有許多家小酒館，夜燈點亮時，頗有歐洲風情。可選一家酒館，好好品嘗山東紅酒。

地址：延安一路68號　電話：(0532)8271 83880　開放時間：09:00～17:00　票價：50元

青島市區沙灘TOP5

青島市區共有6個著名的沙灘，每年6月～9月是大旺季，光是看沙灘上的腳印，就很驚人。

Top 1
棧橋區沙灘：最為熱門。

Top 2
3號沙灘及石老人沙灘區：較為寧靜閒逸，還有個海濱雕塑園。

Top 3
八大關的第二海水浴場：有小型沙灘區，也有石礁岩區，遊客同樣很多，石礁岩區多為拍婚紗的新人。

Top 4
黃島沙灘：相當乾淨，從火車站西邊的碼頭，搭30分鐘的船即可到達。

Top 5
青島的薛家島：有全亞洲最大的天然海灘，是較為純樸的海角。

八大關海水浴場

棧橋區海水浴場

分區遊逛

登州路&台東三路

登州路地圖

關於青島啤酒

由於青島啤酒所採用的原料相當優質，菌種特殊，再加上泉水甘甜，採以德國移植過來的經典釀造技術，讓青島啤酒的泡沫潔白細緻、口味醇和。尤其是在當地喝的生啤酒，與罐裝啤酒截然不同，風味層次之豐富！

生啤與熟啤

差異在於生啤（鮮啤）不經巴氏滅菌。這種啤酒味道較鮮甜，但保質期僅約7天，只適合在產地享用。熟啤則因經過巴氏滅菌，可存放較久，保質期可長達120天，銷售到外地的啤酒都是熟啤。

啤酒濃度

啤酒酒標上的度數並非指酒精濃度，而是原麥汁濃度，即啤酒發酵進罐時麥汁的濃度。主要的度數有18、16、14、12、11、10、8度啤酒。一般常喝到的啤酒多為11、12度。

啤酒色澤

依色澤辨識啤酒種類：

淡色啤酒：產量最大的一種，又分為淡黃色啤酒、金黃色啤酒。口味較清爽，酒花香味突出。

濃色啤酒：紅棕色或紅褐色，麥芽

黑麥啤酒

青島啤酒博物館

　　登州路自2005年8月開街以來，就成為青島最受歡迎的街道之一，滿街盡是歡樂的啤酒屋，又稱為「啤酒一條街」。晚上各家傳出的杯碰聲，與娛樂食客的藝人歡唱聲，真是讓人不笑開懷也難。

　　登州路是青島啤酒的發跡地，青島啤酒博物館位址原為1903年建造的啤酒廠，2003年改為博物館，可一窺百年德國啤酒釀造設備與製造過程，並了解青島啤酒的發展史。不過，到此一遊最過癮的，莫過於盡情品嘗青島生啤酒，其風味之豐富，絕對會讓旅人愛上青島。

　　登州路上的酒吧都有連通啤酒廠的專用輸送管道，因此每天都可將新鮮青島啤酒直送入店，讓客人沉浸於金黃色泡沫與香烤海鮮之間。無緣參與青島啤酒節者，也不用擔心，因為登州路啤酒街每天都上演著啤酒節的歡樂！

　　登州路上還有個天幕城，是個人工化的室內步行商業街。在原本的青島絲織廠與印染廠廠區，利用聲光效果營造出藍天白雲、星空等效果，將青島較具代表性的各棟老建築微縮在此。

網址：www.tsingtao.com.cn　**地址**：登州路56號　**電話**：(0532)8383 3437　**開放時間**：08:00～18:00　**票價**：50元　**前往方式**：搭乘 1、2、15、28、30、110等公車到延安二路下車

香味突出、口味醇厚、酒花苦味較輕。
黑色啤酒：深紅褐色至黑褐色，產量較少。麥芽香味突出、濃醇、泡沫細緻，各家出產的苦味有所差異。

青島啤酒屋常見的啤酒
波蘿啤：以鳳梨為原料的淺黃色澄透啤酒，有著濃郁的鳳梨香氣。
果味啤：具清新的果香味。
綠啤：有種螺旋藻綠啤，可消除體內多餘脂肪及膽固醇。
純生：不經過高溫殺菌，而是採低

溫膜過濾雜質，保留較多的啤酒營養和新鮮度。
黑啤：烘培味較濃厚，適合配重口味的食物。
金麥：有豐厚的焦糖香，入口後餘香縈繞，相當推薦。
原漿：原漿啤酒是未經過濾直接從發酵罐中分裝出來的，因此保留了啤酒中的營養，酒香特別濃郁、純正，還可喝到麥渣，因此又稱為「啤酒之冠」。這種啤酒只能新鮮直送，只在酒廠附近才能喝到最新鮮的原漿啤酒。

金麥啤酒

青島

青島798青年旅社 ● 中聯廣場 ● ● IBIS宜必思酒店(寧夏路店)
寧夏路 銀川西路
寧夏路
南京路 福州南路
山東路
創意100文化產業園 ● 江西路
江西路 天府老媽火鍋店 ●
德恒烤鴨店 ● 上島咖啡 江西路
時尚服飾廊 ● 街角爵士吧 ●
服裝城 ● 華夏良子按摩
三合園水餃 ● 閩江路 五指生按摩 ● 閩江路 往SOHO Bar →
山東路 南通路 南京路 聖霞路 福州南路
香格里拉大飯店 香港中路 Feeling Club ●
(一品堂餐廳、香宮餐廳) Feeling VIP ●
麥莎音樂俱樂部 ● 陽光百貨 香港中路
東海西路 東海西路
五四廣場 ●
音樂廣場 ● 海信廣場 ●
蛋花書社 ●
澳門路 百麗廣場 ●
青島海爾洲際酒店 ●
N
東部新區地圖
奧帆博物館 ● ● 奧帆中心

五四廣場(May Fourth Square)

　　由於青島是五四運動的起因,因此將此廣場命名為五四廣場,意在弘揚五四的愛國精神,迎接新世紀的到來。

　　五四廣場分南北兩部分,以東海路為分界,中軸線是新的市政辦公大樓、隱式噴泉、點陣噴泉、「五月的風」雕塑、及海上百米噴泉。其中最醒目的當然是雕塑「五月的風」,以螺旋上升的紅色造型,象徵流動的風。浮山灣內離岸60公尺處,則建有一座大型的海中噴泉,水柱高度可達100公尺。也可由此搭遊艇,從海上回看青島。

地址:澳門路9號、香港路與東海路以南　開放時間:24小時　票價:免費,搭遊艇30分鐘40元、1小時60元　前往方式:可搭317路公車在五四廣場站下車;或搭25、26、31、202、304、316、318路公車在市政府站下車再往南走

廣場上最醒目的是紅色螺旋造型、由藝術家黃震創作的「五月的風」雕塑。

關於五四運動

簡單來講，「五四運動」的基本精神是反帝國主義，以「收回青島」為號召。由於第一次世界大戰後，戰勝國在巴黎召開和平會議，中國代表提出收回青島，但卻受到英、法、美、日等國的反對，強行將青島割讓給日本。1919年5月4日，北京大學學生群起抗議，引發了全國性的反帝國主義運動，最後終於在1922年收回青島主權。廣義來講，這是一場新文化運動，中國知識界和青年學生反思中國傳統文化，追隨「德先生」（民主 Democracy）與「賽先生」（科學 Science），探索強國之路的思想文化運動。對於中國文化、思想的開放，均有極深遠的影響。

青島國際啤酒城 📷

　　青島國際啤酒城分南、北兩區，南區為娛樂區，北區為綜合區，是個以大型遊樂、啤酒文化為主題的遊樂園，為啤酒節的主辦地點。

地址：香港東路與海爾路交叉路口　票價：白天10元，晚上（15:00以後）20元　前往方式：可搭201、301、304、312、313路公車在啤酒城站下車；國際啤酒節期間有專車接駁

有空也可到附近的青島博物館了解青島文史。

1. 帆船點點的奧帆中心。**2.** 五四廣場跟奧帆中心這段步道夜景很美。

奧帆中心 📷

2008年北京奧運帆船比賽選在青島，奧帆中心因此而建立。帆船中心的所在位置是浮山灣，這區原本是荒涼的北海船廠基地，因為奧帆中心的建立，帶動發展，讓這區成為青島新興的高級區域。整個基地設計概念為「川」字，共有三條南北向的軸線，分別為：象徵海洋文化的西軸、歡慶文化的中軸、自然文化的東軸。奧運村旁有一座以棧橋與白色圓弧三角錐體搭建的帆船橋，潔白簡約的線條造型，完美呈現幾何架構。由碼頭沿伸出去還有個情人壩酒吧區，奧帆區內也有許多家中國知名餐廳。

地址： 澳門路121號　**電話：**（0532）8876 1866　**前往方式：** 搭乘210、231、317路公車到奧帆基地站下車，或由五四廣場沿濱海步道步行約15～20分鐘

獨家玩法

在奧帆中心出海體驗帆船滑翼，是相當刺激有趣的活動，2小時6人共約1,000～2,000元。坐在貼近海水的兩翼，轉彎時激起水花，而頂上是藍天，眼前則是青島城優美的海岸線。

從五四廣場碼頭可搭船出海

另外在東海中路30號的青島銀海國際遊艇俱樂部(www.yinhai.com.cn)，是奧運帆船比賽的訓練基地，提供遊艇、帆船租賃。俱樂部裡的銀海健康休閒會館有SPA水療、足體保健、健身瑜伽、美容中心、酒吧等。

石老人國家旅遊度假區 📷

　　石老人國家旅遊度假區位於青島東岸，區內有國際啤酒城、青島最大的石老人海灘浴場及面積達150公頃的海洋公園，為青島新開發的一區，環境優雅，沙灘也較為純淨。青島國際會議中心及新的音樂廳也在此。

　　這區的著名景點是石老人岩石，位於高爾夫球場後面的海上，24小時免費開放。這座礁石石柱高17公尺，傳說有位老人的女兒被龍王搶走，老人一直站在這裡呼喚著女兒，日復一日就成了石頭，因此名為「石老人」。

地址：東海東路及海口路　**前往方式**：可搭102、201、313、304、317、312路公車

1. 石老人觀光園。2. 石老人礁石。3. 極地海洋世界入口處。

極地海洋世界 📷

　　極地海洋館外形就像一艘帆船，遊客可在模擬極地的環境中觀賞極地動物，如北極熊、白鯨、北海獅、海象、海狗、海豹、海獺等，並透過最新科技的聲光效果，讓人如身歷其境。館內還有5種不同的企鵝，共100多隻，可近距離觀賞牠們的可愛模樣，另外也可餵食白鯨、在極地海洋劇場觀看白鯨、海豚、海獅、海象的同台演出。

網站：www.qdpolar.com　**地址**：東海東路60號　**電話**：（0532）8099 9777　**開放時間**：08:00～17:30（17:10停止售票）　**票價**：120元、兒童票60元（歡樂劇場表演另付30元，可先在網路購買折扣票）　**前往方式**：可搭11、317、501、801路公車，或104、304路及其它通往嶗山的公車，在王家麥島站下車

嶗山區

　　嶗山北九水風景區主要景點有：北九水、上清宮、巨峰風景遊覽區、太清宮、龍潭瀑、太平宮、北宅農業生態旅遊區、明霞洞等。

　　嶗山是山東半島的主要山脈，最高峰巨峰海拔1,132公尺，是全中國海岸線上的最高山，因此素有「海上名山第一」的美稱。海岸線長達87公里，沿海大小島嶼18個，構成了嶗山的海上奇觀，因此《齊記》中提到：「泰山雖雲高，不如東海嶗。」

　　嶗山也是中國著名的道教名山，最盛時有「九宮八觀七十二庵」，上千名道士，著名的張三豐即在此修道；據說秦始皇、漢武帝都曾來此求仙。道觀中以歷史最悠久的太清宮最著名。青島人也喜歡到嶗山區郊遊，尤其是5月櫻桃，6月杏花開之時。

地址： 梅嶺路29號　**電話：**（0532）8889 9000　**開放時間：** 07:00～18:30　**前往方式：** 從火車站可搭304路公車，從台東區可搭104路公車，約1個多小時車程；或包車前往，約260元

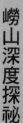

嶗山深度探祕

龍潭瀑 位於八水河上游，源自天茶頂與北天門之間的8條河匯集於此，形成30公尺高、寬5公尺的瀑布。傳說以前有條白龍犯了天規逃到人間，玉皇大帝特派張天師到此斬了白龍，白龍垂掛在此成了瀑布，因此又稱為玉龍潭。

上清宮 又名上宮，始建於北宋初年，已有近千年歷史。元代（西元1307年）又重修為兩進落的建築群。院門東西側有罕見的大銀杏。後院的正殿供奉著玉皇大帝，東側供奉三清真神，西側為全真七子。最會說鬼故事的蒲松齡也曾住在三清殿西關嶽祠。當年的蒲松齡與牡丹、山茶相對，寫出優美的神話故事《香玉》，而三宮殿前的這株山茶，高8.5公尺，樹齡約700年，是世界少見的大山茶。

太清宮

又名下宮，建於西元前140年西漢年間，已有2千多年歷史。當年江西才子張廉夫遊到嶗山在此蓋了間三官庵，後來又建了三清殿，合稱為太清宮。唐代道士李哲玄又到此建三皇殿，歷代陸續擴建為現在的規模。

道教以「玉清、上清、太清」為三清，「太清」乃太上清淨之界，也就是神仙的天堂。內部建築由「三官殿」、「三皇殿」、「三清殿」組成，共有150多間房。其中以三宮殿規模最大，前後共有三進院落；三皇殿院內兩株2千多歲的古柏，據說為漢代所植下。

明霞洞

明霞洞位於太清索道終點站附近，站在洞裡只能看到霞朱半天的景象，依此命名之，據說這還是丘處機所題的字。洞口右側的寺廟古稱斗母宮，始建於元代，明代改名為明霞洞。

華嚴寺

這是嶗山最大的寺廟，這區屬於佛教境地，有別於太清宮區的道教。始建於明朝，期間因兵變一直延宕到清朝（1652年）才落成。建築群為四進式院落，共有120多間房，其中的藏經閣藏有清朝的大藏經及許多古籍。

嶗山道教音樂

嶗山道教音樂多由上古民歌和民間號子演變而成，具有強烈的東夷文化氣息。後來又將「十方經韻」融入嶗山道樂。

全真道北七真曾來嶗山佈道，丘處機就來過三次，嶗山道樂和十方道樂交流後，形成內山派和外山派。外山派主用管弦伴奏，多為民俗活動所採用，促進了嶗山地區民間吹奏樂的發展。

遊歷嶗山票價一覽

一、門票：

旺季4月～10月
流清及仰口遊覽區90元
巨峰遊覽區80元
北九水遊覽區為65元
華樓遊覽區10元
淡季11月～3月
流清遊覽區、仰口遊覽區、巨峰遊覽區60元
北九水遊覽區為40元
華樓遊覽區10元

二、搭乘中巴士上山：
上車處為大河東旅遊中心（購票處），40元

三、纜車索道：
巨峰索道60元
太清索道50元
仰口索道40元

棧橋前有嶗山專線巴士

注意

1. 門票有學生票半價優惠！
2. 檢票口配有指紋機管控，要記得按指紋入場。

精選嶗山遊歷獨家路線

太清宮往啞口步行路段

南路 由香港東路、東海路到八水（龍潭瀑）、太清宮、上清宮、明霞洞，再往上到棋盤石、華嚴寺，既有山水奇觀，又有古寺。一般由嶗山遊客中心搭巴士先抵達八水河，爬到龍潭瀑，來回約1小時；接著再搭車前往太清宮，參觀時間約40分鐘；然後可由此沿平坦步道輕鬆步行到啞口，約30分鐘，或搭纜車到上清宮、明霞洞，再搭車到華嚴寺，最後再到仰口。全部行程約5小時。

中路 由李滄區的李村出發，主要為北九水景區，可看水、觀瀑。也可搭車到柳樹台爬巨峰，這裡的深秋及冬雪景色相當美麗。

東路 由李村出發，行經太平宮、獅子峰、華嚴寺，沿途有臥魚石、羅延窟，主要為仰口景區，之後還可往南到棋盤石、太清宮。

水路 由青島灣碼頭搭船到太清灣，遊覽太清宮及上清宮。

北九水小檔案

由北九水小學逆流至內九水，沿路都是花崗岩石板路，全長約3公里。

一水 北九水村滾水橋左側的大水潭

二水 沿流而上至雙石屋村，村中房舍都是石砌屋，村外有深潭。

三水 俗稱「鷹窩河」。

五水 著名的「飛鳳崖」。

六水 褐黃色的摩天巨崖，就是著名的「錦帆屏」。

七水 緊連六水的「連雲崖」。

八水 「牙門」。

九水 由八水往上爬可見的「金華穀」。

1. 北九水四季風情各異。
2. 山內景緻清幽。

青島去哪逛？

青島為山東最繁榮的城市，市區有多家百貨商場及購物區。主要購物街道有中山路，多為觀光特產店及百盛商場，盡頭為即墨商街，為一家家小商店，可找到一些優質的服飾；登州路啤酒街附近的台東三路步行街（東起延安三路，西至威海路），屬於年輕人的世界，多為平價流行服飾，有萬達廣場、沃爾瑪購物廣場；新開發的香港中路、五四廣場週區，則為高級購物區，澳門路的百麗廣場及海信廣場可買到各種國際精品，香港中路靠近雲霄路有陽光百貨，多為中上價位商品，對面為家樂福大商場。

萬達廣場購物區。

直接在車蓋上擺攤的夜市小販。

台東三路步行街。

中山路百盛百貨 🏠

較傳統的百貨，適合中年客群。B1設有超市，可買到嶗山茶，以及適合混搭泡喝的石竹茶及玉竹葉。

地址：中山路44～60號　電話：(0532) 8202 1076

百麗廣場 🏠

較多年輕品牌，有Zara、H&M、Mango等知名的中價位流行品牌，B1也有美食街及優質兒童館，如芭比娃娃專賣店。百麗廣場靠海處有家人氣很旺的海鮮人餐廳，供應各種生猛海鮮料理，附近也有台灣名店鼎泰豐。

地址：澳門路88號　電話：(0532) 6606 1666

1.3. 貨品齊全的百麗廣場。
2. 中山路百盛百貨。
4. 芭比娃娃專賣店。

精品雲集的海信廣場

海信廣場 🏬

高級精品百貨，主
攻國際精品，B1的餐廳
及超市也較優質。內有服
務良好的香稻餐廳，服務人員會主動提供貼心
服務。特別推薦香稻的港式牛什麵，滷牛雜非
常入味，海鮮粥也相當美味。

地址：澳門路117號　電話：（0532）6678 8188

精品雲集的海信廣場

超市可買到各種嶗山茶

陽光百貨 🏬

以中上價位商品為主，品牌眾多，走輕熟女
路線，是當地中產階級最喜歡逛的百貨之一。
對面就是家樂福大賣場，距離雲霄路美食街約
10分鐘路程，逛完可直接到雲霄路及閩江路用
晚餐。

網站：www.sunshinedpt.com　地址：香港中路38號
電話：（800）918 9918

陽光百貨

青島買什麼？

嶗山雲峰茶

相傳嶗山茶是由宋朝的丘處機及明朝的張三豐由江南所移植過來，由於嶗山氣候溫潤、光照夠、霜期長、日夜溫差大，因此茶樹生長較慢，養分累積豐富，且嶗山水質又好，成就了著名的嶗山雲峰茶。

乾海產

如鮑魚乾、乾蛤蜊、手撕魷魚等。中山路有很多乾海產店，但記得要貨比三家，才不吃虧！

石竹茶

石竹茶為純野生草本植物，一般生長於嶗山南面的山崖石縫中，故稱為嶗山石竹子。生長環境需要有日照，中藥屬性為陽。嶗山石竹生長期長，每年採茶次數少，營養也較為豐富，當地人稱之為「嶗山綠」。風味甘醇生津、香氣十足，為上等的保健飲料。

玉竹茶

玉竹茶生長於嶗山北面背陰處，中藥屬性為陰，每年才長半寸左右。秋季時採挖，得先去除鬚根，再曬軟、反覆搓揉，晾曬至無硬心；或蒸透後，揉至半透明，再曬乾。根莖為扁圓柱形，表面為黃白色或淡黃棕色。氣微、味甘、有粘性。養陰潤燥，還可以入菜煲湯。

將嶗山石竹茶和嶗山玉竹茶，放在一起沖泡，就成了「嶗山道家陰陽茶」，可滋陰壯陽，調節陰陽平衡。

青島道地美食

想品嘗最道地的小吃，感受最有生命力的青島，那一定不能錯過中山路附近的黃島路街市；而各式高雅的中價位餐廳則集中在青島最著名的美食街一雲霄路及閩江路，雲霄路上還有幾家不錯的按摩店；青島以啤酒聞名，因此當然也要盡情暢飲，首選當是登州路啤酒街；台東路的夜市則有些小吃。

閩江路美食街

十大青島特色小吃

| 辣炒蛤蜊 | 海菜涼粉 | 烤肉串（魷魚） | 醬豬蹄 | 鮁魚水餃 |
| 三鮮鍋貼 | 白菜肉包 | 海鮮鹵麵 | 雞湯餛飩 | 排骨米飯 |

每天必吃的山東包子。

TIPS

十大特色小吃幾乎都可在劈柴院美食文化園嘗到。此外還有散啤、魯菜、山東煎餅（湯、肉搭單餅泡或捲著吃）、山東大饅頭、火燒（外層硬脆，裡面的白麵餅則柔軟有勁）。

蛤蜊湯鍋（這家位於石老人高爾夫球場對面，公車站旁的小餐館。也有烤肉串。）

街區美食

黃島路街市

黃島路街市可說是古城區居民的廚房，有各種青島大包，包有豬肉西紅柿餡、豬肉茴香餡等，都是熱騰騰現做出爐。另外還有現場揉烤的火燒，也不容錯過！

別錯過這家手工現烤的火燒。

各種美味熟食。

皮Q餡香的包子。

整桶的新鮮啤酒，每天現送，塑膠袋裝的啤酒為青島特色。

大排長龍的包子店。

青島道地美食‧青島街區美食

青島

中山路小吃

泰山火燒 🍴

　　百盛百貨斜對面，棧橋巴士站前（湖南路與太平路之間），有家窗口在地面位置的泰山火燒店，店面其實是在地下室，買火燒時要蹲在地面窗口跟老闆購買。火燒外皮酥脆，內皮香軟。旁邊還有多家綠豆酥店，都是現做現烤，內餡相當實在，又不甜膩。

1. 有豆腐、土豆、海帶、豆沙等口味的火燒
2. 酥香的綠豆酥餅
3. 吃完後自己將串子插在桶子裡。
4. 王姐燒烤。
5. 走進王姐燒烤旁的小巷內，可看到這家餡餅粥。

王姐燒烤 🍴

　　青島著名的燒烤攤，就位在中山路中段，常是大排長龍，尤其推薦里脊肉、五花肉串、羊肉串。往旁邊的巷子走可看到百年餡餅粥店。

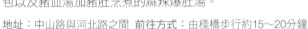
花生調味的麻辣爆肚湯

劈柴院美食 🍴

　　整個裡院都是道地青島美食，沿路可看到
海膽蒸蛋、海鮮攤、高家鍋貼（推薦蟹黃、蝦
仁、三鮮鍋貼）、江甯樓灌湯蒸餃、黃家灌湯
包以及豬血湯加豬肚烹煮的麻辣爆肚湯。

地址：中山路與河北路之間　前往方式：由棧橋步行約15～20分鐘

1. 走進小門就可看到青島的裡院風貌。**2.** 灌湯包。**3.** 海鮮燒烤餐廳。**4.** 沿路有各種海鮮攤。
5. 傍晚可到此享用各式海鮮燒烤。

青島街區美食

台東夜市

地址：延安二路
前往方式：搭乘3、4、217、302、隧道3路公車到台東路站下車

旭光菜館 🍴

　台東夜市延安二路街口人氣相當旺的小餐館，適合多人共享的合菜，招牌菜辣子雞，當然是必點的。價位相當合理，是很不錯的晚餐選擇。

地址：延安二路20號，紅屋牛排斜對面

肉夾饃麵店 🍴

　由台東夜市口的延安二路往遼寧街方向走，靠近登州路及威海路口，和緣真玉店隔壁，登州路啤酒街亮燈拱門對面。

　小小的牛肉麵店，院落座位區幾乎都爆滿，別擔心，裡面的小屋還有許多座位。這裡有肉夾饃（5元）及貓耳朵麵、西安燴麻什（8元）、刀削麵，菜雖然便宜，但都料好實在又豐富。也難怪一家小麵店的生意會如此興旺，而且店員的服務態度也很好。

1. 夜市小吃
2. 旭光菜館
3. 這家小店位於登州路口對面
4. 豐富的西安燴麻什

經典餐館

1

三合園水餃 🍴

　　用餐時間一到，當地的小資家庭直湧入。嘗過他的菜餚之後，就可以了解其中道理，幾乎每道菜的味道都拿捏得恰到好處，食材也新鮮，並可嚐到各種當地家常菜。推薦較特別的扇貝水餃、蛤蜊水餃。街角還有家海鮮樓（湖南路及河南路交接口），晚上會將桌子擺在戶外，在溫馨的街燈下，三五好友一起暢飲啤酒、大啖海鮮，人生一大樂事。

地址：河南路22號　電話：（0532）8286 8562　票價：30～40元

1. 三合園水餃
2. 山東特色的酸辣鳳爪，真讓人停不下口
3.4. 春和樓飯店

春和樓飯店 🍴

　　春和樓飯店號稱「島城第一樓」，是1891年開業至今的經典魯菜餐館。經典菜包括香酥雞、九轉大腸、肉末海參、糖醋里脊，以及蒸餃類，如蝦仁、三鮮蒸餃。

地址：青島市市南區中山路146號　電話：（0532）8282 4346

優愛德國餐廳 🍴

在最有氣質的大學路上，靠近充滿藝術氣息的藝術學院。小小的餐館，在悠閒的院子裡擺幾張小桌，再加上溫馨又自然的布置，呈現出溫暖愜意的用餐環境。雖然價位較高一點點，但可以吃出料理的誠意，香料的運用也恰到好處。不論是用餐或休憩，都是相當理想的選擇。

地址：大學路22號 電話：（0532）8286 9209

夢芙蓉 🍴

夢芙蓉是登州路啤酒文化街上最熱鬧的一家，許多街頭藝人會沿桌高歌助興，店內也有鮮活海鮮及琳瑯滿目的小菜，當然還有各種生啤，像是黑啤、金麥及原漿啤酒都相當推薦，而辣炒蛤蜊及烤肉串幾乎是每桌必點。

地址：登州路77號丙 電話：（0532）8271 8338

1. 優愛德國餐廳旁的咖啡空間。2. 優愛德國餐廳。3. 香料用得很到味的德國料理。4. 夢芙蓉。5. 菜色相當豐富。

香格里拉一品堂 🍴

想在時尚餐廳用餐嗎？那麼香格里拉旅館1樓的一品堂，是相當理想的選擇。設計師善用一些小元素，營造出令人驚嘆的空間設計，如精緻鼻煙壺牆、啤酒罐擺設的吧台區等等，再加上開放式廚房設計及可口的美食擺設，真是為各項美食加分。這裡採自助式Buffet餐飲，供應各國料理，無論是海鮮或者正統的中式、日式、韓式、西式餐點，一次到位。

若想找個優雅的餐廳享用中式美食，也可選擇香宮，整體設計散發著高雅的中國風，推薦酒糟黃魚、上海風味小排、瓦罐雞湯，各種港式點心也做得很有水準，甜點則以榴槤酥皮餅最熱門。

網站：www.shangri-la.com/cn/property/qingdao/shangrila　地址：香港中路9號　電話：(0532)8388 3838　開放時間：一品堂06:00～23:00；香宮11:30～15:00／17:30～22:00　價位：中餐168元，晚餐218元，假日早午餐208元

1. 極具時尚設計的一品堂。 2. 榴槤酥皮餅。
3. 以鼻煙壺打造一座藝術牆。
4. 調味及肉質都恰到好處的豬排料理。 5. 煲湯。

5

在青島喝咖啡

蛋花書社

　　這家小小的咖啡館坐落在百麗廣場的後側（由麥當勞旁的走道往後走），整家店充滿了清新、甜美的風格。書與書之間放置著些可愛的小裝飾，吧台上則常坐著與老闆自在聊天的老客人，是個愜意的休閒空間。

　　吧台的設計靈感，來自台灣導演蕭雅全執導的電影《第36個故事》，期許各種夢想能在這個小空間裡慢慢發酵，想帶點新意給愛讀書的青島人。

地址：澳門路86號百麗廣場西區一層189戶　**電話**：（0532）6606 1985　**營業時間**：10:00～22:00（週一上午休息，下午14:30～22:00）　**前往方式**：由五四廣場步行約15分鐘

1. 老闆度蜜月時是在雞蛋花滿開的峇里島，因此決定將這家店取名為蛋花書社。
2. 店內空間。**3.** 清新甜美的閱讀空間。**4.** 為夢想而努力的一對年輕老闆。

充滿人文氣息的
「不是書店」

不是書店 Sono Space

　　這是青島的獨立書店，可找到較有趣的書籍，在充滿書香及手工樸質感強烈的書櫃間，還設有咖啡館及一些創意手工藝品。這裡也常舉辦各種小型講座及音樂會，是青島很難得的獨立思想空間。

　　此外在優美的太平角附近還有兩家很有藝術氣息的咖啡館，一為太平角一路海濱木棧道（近湛山二路）的--杯滄海，另一家為朗園，位於太平角二路9號乙（第三海水浴場對面）。

地址：南京路100號（創意100產業園）　電話：（0532）8080 9565　營業時間：10:00～21:30　前往方式：由五四廣場搭計程車約5分鐘

青島文創區：創意100

青島市政府曾試著推動幾個文創區，其中一個是創意100，另一個則是中聯廣場，不過文創活動目前為止都不夠活躍。

創意100產業園區內目前多為設計公司，1樓後側部分有家溫馨的杏仁咖啡館、新西華外文書店、陶藝品店、畫工廠、服飾店、BOX創意設計品店，不是書店也位居其中。

中聯廣場應該算是餐廳夜店區，晚上時間比較熱鬧。

中聯廣場

創意100產業園

青島夜生活

青島也有許多夜店，大部分集中在燕兒島路上及閩江路街區。酒吧營業時間大部分為20:00～02:00，「HAPPY HOUR」時間為19:00～21:00。
青島夜生活訊息可參見：www.clubstation.cn

FEELING Club

FEELING Club為青島第一家夜店，內有動吧、靜吧、烤吧、冰吧包房。動吧為七彩夢幻彈簧舞池、大T型舞臺，每天都有不同的活動。

地址：香港中路83-85號　電話：（0532）8593 2929　營業時間：20:00～02:00 平均消費：40～60元

蘇荷酒吧 SOHO Bar

屬輕鬆小品型態的愜意酒吧。

地址：江西路162號　電話：（0532）8592 9898　營業時間：20:00～02:00 平均消費：40～60元

FEELING VIP

走奢華時尚風格，內部規劃很好，播放與國際同步流行的音樂為青島最具規模的夜店之一。

地址：香港中路32號五礦大廈3樓（家樂福對面)　營業時間：20:00～02:00 平均消費：40～60元

青島麥莎音樂俱樂部

以電子慢搖、House及Dance音樂為主。

地址：東海西路金都花園北面B1　電話：（0532）8598 9898　營業時間：20:00～02:00 平均消費：80～100元

街角爵士吧
Corner Jazz Bar

若想唱歌的話，還有格萊美KTV、維那王子 Baby Face，在奧帆中心及燕兒島路上（距離閩江路不遠）。

地址：閩江路153號乙　電話：（0532）8575 8560　營業時間：20:00～02:00 平均消費：40～60元

青島深受德國文化影響，市區有許多愜意的小酒吧。

青島市區的高級旅館內也有高格調的夜店。

海爾洲際酒店的酒吧晚上有現場音樂表演。

青島人也很會享樂，夜店氣氛熱絡。

燕兒島路上的格萊美KTV。

青島住宿

青島是中國的濱海觀光城市，因此城區有許多旅館。古城區主要為市南區，火車站與棧橋相距很近，這之間有很多平價及中價位旅館，方便觀光；市北區是台東商圈及啤酒街區，適合喜歡夜生活者；五四廣場及奧帆中心區適合購物。青島市區有很多經濟型連鎖商務旅館，房間設備齊備、乾淨，若不想花太多錢在住宿上，可選擇這類的商務旅館。不過一趟旅行，若是可以體驗一下五星級旅館的高級服務，也是不錯的安排。

高級旅館篇

香格里拉

青島香格里拉就位在新興的商業中心香港中路，旁有市政府，五四廣場就在斜對面，距離陽光百貨及美食街雲霄路、閩江路也不遠。房間布置當然是不容置疑的五星級格局，走的是溫馨典雅路線，動線規劃以舒適至上。

而青島香格里拉最特別的是，它的行政樓層是一整棟樓（盛世閣），只要是入住行政套房者，一律在專屬櫃檯辦理入房，有專屬的早餐樓層。17:00～19:30時段則供應免費又豐盛的午茶餐飲。賓客可免費使用會議室2小時，並提供免費網路，商務中心還有多位服務人員等著隨時為您服務。

無微不至又專業的服務，從清潔人員仔細清潔整理的態度，到電梯旁的服務人員自然又不落俗套的聊天問候，都讓客人感到賓至如歸。

網站：www.shangri-la.com/cn/property/qingdao/shangrila 地址：香港中路9號 電話：（0532）8388 3838 房價：1,200元起／晚 前往方式：由機場搭計程車約50分鐘，由火車站搭計程車約20分鐘

1. 有些房間可看到海景。2. 奢華舒適的衛浴設備。3.6. 行政套房設置溫馨典雅。4. 行政樓層的免費午茶茶點。5. 一走進香格里拉就可聞到香格里拉特有的柔和香氣。7. 早餐用餐區。

1. 總督府旁的怡堡精品旅館，外觀承
襲總督府的典雅風格。
2. 極具設計感的接待廳。
3. 很有現代普普風的房間設計。
4. 休閒空間。
5. 彷彿在屋頂看天下的戶外平台。
6. 溫馨又充滿書香味的書吧。

怡堡精品酒店

　　如果你是設計藝術愛好者，那麼怡堡精品酒店絕對會讓你有個不凡的入住經驗。怡堡的地點就位在古典的總督府旁，幽靜的山腰環境，布滿悠閒的氣息。

　　怡堡的主人是位愛好藝術的年輕女性，她獨特的藝術品味布置出風格各異的住宿環境，還無私地將自己的藝術收藏擺放在旅館、房間各處，讓房客也能沉浸在隨處是藝術的美麗生活中。除了一般房型外，另有獨棟的歐式別墅型住宿，提供機場接送服務。

　　怡堡還講求人性化服務，希望針對每位客人的個別需求，提供最貼心的服務，例如私密的老青島遊逛路線圖。

網站：www.thecastle-hotel.com　地址：龍山路26號南門(迎賓館院內)　電話：(0532)8869
1111　房價：580～680元　前往方式：由火車站搭計程車約15分鐘

青島海爾洲際酒店(InterContinental)

如果説香格里拉是古典派的優雅，那麼海爾洲際就是現代派的時尚精雅，兩家截然不同的五星級體驗。

海爾洲際酒店是奧帆中心內唯一的酒店，其特殊的地點位置，讓客人享受到最專屬的海景景觀。Acqua房型還有戶外按摩池，讓客人悠閒欣賞眼前的大海。房間內部設計以現代的簡單俐落，勾勒出菁英感的住宿環境。整體設計大量採用自然色調，大廳地板還特地採用半透明石材，仿如踏在大海上，而水池的設計則呈現出湖波感，頂燈造型有如一朵朵的祥雲。大廳的酒吧區及旅館內的Pub，展現出年輕又有活力的設計感，20:00有現場樂團表演。餐廳則有西式餐廳及牛排館，週末提供海鮮自助餐，新的中式餐廳將推出宮廷式料理。

網站：www.ichotelsgroup.com/intercontinental/zh/cn/locations/daoha　地址：澳門路98號（奧帆中心）　電話：(0532)6656 6666　房價：1200元起　前往方式：由機場搭計程車約40～50分鐘，車費約100元；搭316，304，321路公交車到青島佳士客購物中心下車，再沿燕爾島路往南步行10分鐘

1. 浴室承襲一貫的現代風格。**2.** 早餐相當豐盛。**3.** 簡潔俐落的房間設計。**4.** 時尚的大廳設計。

青島凱萊花園度假酒店 🛌

若你想住在最有氣質的八大關區，那麼凱萊花園酒店，可說是體現了這區的氣質。

凱萊花園酒店就位在正陽關路，附近是最優美的一區，從旅館內部到外部，都散發著淡淡的歐洲風味。

地址：正陽關路19號　電話：(0532)8387 8855　房價：448元起　前往方式：由火車站搭計程車約15分鐘，車費約為15元

其他高級旅館推薦

附近的山海關路19號還有家八大關賓館；若想住在棧橋區，白色建築的棧橋王子酒店就在棧橋對面，到中山路或古城區都相當便利。

棧橋王子酒店：太平路31號，(0532)8287 0502，zhanqiaoprincehotel.com。

西湖花園酒店：位於百花苑與葡萄酒街延安一街之間，距離台東夜市約5～10分鐘車程。延安一街67號，(0532)82870181。

按摩好去處

華廈良子是青島最有名的中式按摩店，以良藥、精湛技術的良心事業為訴求，按摩療程很專業；另一家類似的按摩店為五指生。除了基本的足部反射療法、全身經絡之外，還有御足採蹻，以跪、踩、蹬、點等方式促進血液循環，另外還有薑療、婦科調理、腸胃、便秘、睡眠、疏肝等調理療程。費用約38～198元。

SPA中心提供專業的按摩療程／照片提供：青島香格里拉

青島香格里拉的SPA中心

青島市區較高級的SPA中心，雖然不是香格里拉集團著名的「氣」SPA，但設施與按摩手法都幾乎已達到「氣」SPA的等級。

華夏良子

網站：www.huaxialiangzi.com
地址：雲霄路74號
電話：(0532)8577 6162

五指生

網站：www.wzsfeet.com
地址：雲霄路94號
電話：(0532)6677 6788

經濟型酒店

格林豪泰商務酒店

格林豪泰商務酒店

位於中山路上的格林豪泰，位置相當好，側面上坡路底就是天主堂，前面則是熱鬧的中山路，往下坡走到底就可抵達棧橋。這是喜歡住在鬧區者的絕佳選擇。

網站：www.998.com　地址：中山路77號
電話：(0532)8286 0988　房價：128元起　前往方式：機場巴士2號線就在門口停靠，步行到棧橋或劈柴院約10分鐘，到黃島路約5分鐘

銀座佳驛棧橋店

就位於百盛百貨後側，地點也相當好。但開業時間較久，房間設備稍顯老舊，但以地點而論，也可做為市區住宿的選擇之一。

地址：河南路60號　電話：(0532)6677 0777　前往方式：距離火車站約900公尺，步行10～15分鐘

青島宜必思酒店（寧夏路店）

國際連鎖經濟型旅館，靠近中聯廣場及大潤發，距離台東夜市區約10分鐘車程。房間乾淨整潔，但這區到各景點需搭車。喜歡體驗當地庶民文化者，可考慮住在這裡。

地址：寧夏路150號　電話：(0532)6656 3666　房價：189元起

山東放大鏡

青島宜必思酒店（寧夏路店）附近的大潤發，晚上有許多老人會聚集在此打牌，相當有趣。

青年旅館

青島奧博維特國際青年旅舍

　　沿著彎彎曲曲的小徑，爬上這座由天文台改成的青年旅館，在此享受隱於城市喧囂中的寧靜。這座青年旅館位處於古城區的制高點，在旅館外的公園即可悠閒觀賞整個古城區，傍晚時尤其迷人。

地址：觀象二路21號甲　電話：(0532)8282 2626　房價：宿舍房每人25元，雙人房168元　前往方式：搭5路巴士到市里醫院站，走到對面的紅教堂

1. 天文台改建的青年旅舍。
2. 附近常有藝術系學生寫生。
3. 寧靜優雅的觀象山區。

1

2

3

青島小丑魚 青年旅舍	可愛溫馨的小青年旅舍，就位在古城區。 老舍故居旁，可就近到魚山路區散步及參觀青島古城景點	網站：www.nemohostel.com 地址：黃縣路14號 電話：(0532) 82873215 房價：每人40元起 前往方式：由火車站搭202路公車到大學路下車，路程約10分鐘，轉進黃縣路，老舍故居隔壁，步行約7分鐘
青島凱越國際 青年旅館	古城區百年基督教堂改建的青年旅館。位於黃島路街市的頂端，到天主堂及古城區各景點都很便利。旅館附設的酒吧很有風味，但房間設備較為老舊，有老建築的味道。服務態度很好，也可免費寄放物品。	網站：www.yhaqd.com/cn 地址：市北區濟寧路31號 電話：(0532)8284 8450 房價：25元起
青島四季海 青年旅館	距離火車站約10分鐘路程。提供免費無線網路。	地址：中山路91號（中山商務樓院內） 電話：(0532)8288 7878 房價：每人58元起
青島巢城 青年旅舍	毗鄰中山路商業街和即墨路小商品批發市場，距離火車站約20分鐘步行時間。	網站：www.nordicosheania.com 地址：市北區館陶路28號（德國風情街） 電話：(0532)8282 5198 房價：每人25元起
青島798國際 青年旅舍	設備齊全，稍有設計感的青年旅舍。	網站：www.798hostel.com 地址：寧夏路121號 電話：(0532)8079 8798 房價：40元起 前往方式：從火車站可搭301、223路公車到二輕新村站下車，往西走100公尺；從汽車站北200公尺處搭227路公車到二輕新村站下車，往西走100公尺；機場巴士701號到廣發大廈站下車；搭計程車則可跟司機說到寧夏路與徐州路口

濟南

古泉之城

關於濟南

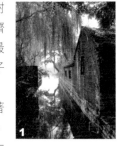

關於濟南

　　來到濟南之前，原本認為濟南是山東省的省會，對這個大城市並沒有太大的期待。然而，拜訪之後，濟南竟成為山東省內我最喜愛的城市之一。難怪山東最著名的為「一山、一水、一聖人」，除了泰山及孔子故鄉曲阜之外，還包括以泉水著稱的濟南。

　　濟南建城已有2,600多年歷史，素以「泉城」著稱，城內幾乎家家有泉水，其中以趵突泉、黑虎泉、五龍潭、珍珠泉四大泉群為主。除了泉水之外，大明湖風光明媚，又隨處可見濟南活潑的庶民文化，也相當值得一遊。而聽戲，當然也是遊濟南的一大重點。

TIPS

濟南、曲阜和泰山這三個城市相距不遠，至旅遊山東時，可將三個城市串連在一起玩。

1. 芙蓉老街。**2.** 古云：「濟南家家有泉水，戶戶有垂柳。」
3. 清晨的大明湖，可看到活潑的庶民文化。

濟南行得通

濟南為山東的交通樞紐，無論是飛機、火車或巴士都相當便利，可以此為據點拜訪泰山及曲阜。

航空

濟南機場距離市區40公里，搭計程車約100元；每小時也有接駁巴士，費用為20元，06:00～17:00；或可搭16路市區公車。

火車／高鐵

濟南有3座火車站，市區有濟南站及濟南東站，部分高鐵也停靠濟南站，郊區為濟南西高鐵站。由北京到濟南約3.5小時，上海到濟南約5小時。

濟南西站到大明湖搭計程車約40元，到火車站約30元。

火車站外的公車K51（2元）可到市中心泉城廣場及郊區的千佛山，83號巴士行經市區各大點，如大明湖、濟南東站。

市區有許多火車票代售處，趵突泉外有一處，火車站前也有一處，若火車站內太多人，只要到這些地方購票，多付5元即可。

長途巴士

濟南長途巴士站位於經十路。到青島約4小時車程，到泰安約1小時，到曲阜約2.5小時，到北京約5小時。

公車

市區公車路線相當完善，班車也頻繁。一般車為1元，K開頭的冷氣車為2元。濟南計程車起步價為3公里7.5元，之後每公里1.5元。

濟南行得通

1. 市區的濟南火車站。
2. 火車站外的代售處，站內人太多可到此購票。

重要資訊

濟南市旅遊局
網站：www.jnta.gov.cn
地址：濟南市龍洞路龍奧大廈13樓E、F區
電話：(0531)6660 8773

教你玩！獨家精選路線

大明湖→船遊泉城→五龍潭→趵突泉（可在茶樓用餐）→泉城路商圈（Parc 66）購物、用餐→千佛山（可略過）→縣西巷泉樂坊→芙蓉街小吃→觀《明湖曲韻》或《粉墨》戲曲

濟南小百科

最佳旅遊時間是9月～11月，可看到泉湧景觀。濟南夏季炎熱，平均溫度約33℃，春、秋季很短暫，冬季長達136～157天（11月上旬～3月下旬），冬天雨雪較少，氣候乾燥。

濟南必遊景點

濟南市環著護城河建造了環城公園，全長**6.26公里**，將趵突泉群、珍珠泉群、黑虎泉群、五龍潭泉群及大明湖連接在一起。可以想見整個濟南城整治得相當優美，清晨時還會看到當地人噗通一聲跳下河游泳的快樂景象。

大明湖

波光粼粼的大明湖，與趵突泉、千佛山並列為濟南三大名勝，為城內各泉水匯流而成的天然湖泊。這湖還有4個奇異特性：久雨不漲、久旱不枯、蛇不現、蛙不鳴。傳說有次乾隆皇到此休憩，但蟲鳴鳥叫吵得他無法休息，便大怒地下了道聖旨：「蛇歸洞、蛙不鳴。」

建議早晨參觀大明湖，沿湖有800多株綠簾般的垂柳，湖內荷花滿塘，沿路各小景均設有持續播放的語音說明，遊客也可乘船遊湖。再加上這裡是濟南市民的休閒地，因此沿湖有許多市民在亭內拉琴唱戲，聽眾則是閉眼、擊拍，傾聽美音，真讓人覺得濟南市民好幸福。

大明湖湖面面積約46公頃，公園面積86公頃，內有一坊、一閣、三園、三樓、四祠、六島、七橋、十亭，包括歷下亭、鐵公祠、南豐祠、彙波樓、北極廟和遐園等名勝古蹟。其中，遐園號稱「濟南第一庭園」，園內

獨家玩法

1. 7～8月為大明湖的荷花季，到大明湖可品嚐以荷葉飲酒的「碧筒飲」。
2. 6月27日李清照紀念日會舉辦放荷燈的活動，值得一遊。
3. 端午節有龍舟賽，節慶氣氛濃厚。

1. 垂柳清風的大明湖。**2.** 老舍紀念館。**3.** 亭內常有市民盡情歌唱。**4.** 可搭船遊湖。**5.6.** 大明湖悠閒的氣息，讓人不自覺放下腳步，細細感受。

有浩然亭，可欣賞整個大明湖，西北角長廊還有岳飛手書的諸葛亮《前後出師表》石刻；元代所建的北極廟是濟南最大的道教廟宇；南豐祠則是紀念曾在此擔任知州的宋朝文學家曾鞏；位於湖上最大島的歷下亭，其匾額出自清乾隆之筆；清朝所建的小滄浪，則頗有江南園林之風。

　　除此之外，2007年市政府又擴建大明湖公園，重建超然樓、明湖居、聞韶驛等歷史古跡，增建老舍紀念館、濟南及秋柳人家等文化展館；新建七橋風月、稼軒悠韻、秋柳含煙等八大景觀。

地址：明湖路271號　**電話**：(0531)8608 8902　**開放時間**：淡季06:30～17:30，旺季06:30～18:30　**前往方式**：由泉城路沿跕突泉北路直走步行約20分鐘

1. 在戲樓前認真練習的愛樂同志。**2.** 老舍紀念館對面的明湖居。**3.** 南豐祠裡的清代戲樓。

明湖居聽書 📷

　　嚮往《老殘遊記》中的「明湖居聽書」嗎？濟南說書唱曲之風頗為興盛，大明湖的確也有幾個好處所。明湖居原建於清末民初，近年又重新整修，開始敲鑼打鼓說書表演。客人可一面聽戲、一面飲大碗茶，享受濟南小食。另外，在大明湖內的南豐戲樓，是位於南豐祠的清代戲樓，也擺上桌唱起戲來。每天有5場（10:00／11:20／14:00／15:30／19:00），每人20元。

地址：大明湖路29號　**電話：**(0531)8277 5666　**票價：**180、280、380元　**前往方式：**在大明湖南門東側，縣西巷北路口對面（東阿阿膠對面）

黑虎泉 📷

　　黑虎泉源自懸崖下深3公尺、高2公尺、寬1.7公尺的天然洞穴，穴前有一塊黑巨石，形如猛虎，因此得其名。黑虎泉最大湧量一日可達4.1萬立方公尺，僅次於趵突泉，在濟南諸泉中居第二，是濟南泉水中最有氣勢的。巨大的泉水從3座27.88公尺高的石雕獸頭噴出，激起層層水花，有如猛虎咆嘯。

地址：黑虎泉西路　**開放時間：**全年開放　**票價：**免費　**前往方式：**位於濟南黑虎泉路下環城公園南隅的護城河南岸；5、36、41路公車到黑虎泉站

五龍潭公園

　　五龍潭又稱為烏龍潭、龍居泉，位於五龍潭公園內。園內共有27處泉水，其中就有11處被列入「濟南七十二名泉」，因此也是濟南四大泉群之一。春天時園內百花齊放，是相當美好的拜訪季節。

　　據說北魏以前五龍潭相當大，為大明湖的一角，稱為「淨池」。元代時泉旁建有一廟，供奉五方龍神，後來才改稱為五龍潭。園內還有一處「古溫泉」，因這泉水溫度較高（恆溫18℃），所以隆冬時節，會散出蒸蒸熱氣。

　　由於這裡的潭水澄澈如鏡，歷代文人都曾在周圍的亭后樓閣飲酒作詩，如著名的客亭（唐朝稱為「歷下亭」）、靈雨亭、潭西閣等。據傳胡國公秦瓊（唐朝猛將秦叔寶）故居也建在潭邊，但有次大雨劇下，宅邸竟下陷，後人便在故居位址立了個「秦瓊故居」碑。

地址：筐市街18號　**電話**：(0531)8692 1741　**開放時間**：08:00～18:00　**票價**：5元
前往方式：趵突泉北門對面，由火車站可搭K51

1. 一入門即可看到古龍雕刻。**2.** 龍潭的另一入口就在趵突泉對面。**3.** 泉城廣場。

泉城廣場

　　泉城廣場占地16.7公頃，東西長780公尺、南北寬230公尺，是一座長方型巨型廣場，位於濟南市中心繁華地帶，因此又有濟南「城市客廳」之稱。廣場於1999年完工，最初建造此廣場的用意是希望能連接起西面的趵突泉和東面的黑虎泉，現為優雅的市民休閒廣場。

地址：全年開放　**票價**：免費　**前往方式**：由火車站可搭K51路公車

趵突泉

　　趵突泉為「濟南七十二名泉」之首，乾隆皇帝更將其冊封為「天下第一泉」，因此有「遊濟南不遊趵突泉不成遊」的說法。園內占地廣大，除了趵突泉外，還有許多充滿文人氣息的景觀，的確相當值得一遊。

　　趵突泉公園由趵突泉及其週邊20幾個泉眼組成。所謂「趵突」是跳躍

奔突之意，因為這裡的泉水由三窟併發而出，噴湧不息。而這泉水湧自地下石灰岩溶洞，每日最大湧量可達到24萬立方公尺。常言道：「不飲趵突泉水，空負濟南遊」。因為此泉常年清澈見底，含菌量低且甘醇，不但可直接飲用，用來泡茶更是一絕。因此，園內的趵突泉旁及西門入口均設有茶館，供遊人在此品茗，欣賞園內的小橋流水、綠柳古碑。

網站：www.baotuquan.net 地址：趵突泉南路1號 電話：(0531)8692 0439 開放時間：08:00～18:00 票價：50元 前往方式：就在泉城廣場對面；由火車站可搭公車K51抵達

1. 趵突泉旁立有「第一泉」碑石。**2.** 記得嘗嘗這著名的甘泉。**3.** 碧綠鏡亮的泉水池。**4.** 門口的烤麵筋攤。**5.** 趵突泉旁的茶樓。**6.** 園內的古建築。

趵突泉必遊小景點

娥英祠：未走到趵突泉前，會先看到娥英祠，這是明代建來供奉舜帝的兩位妃子，也就是堯帝的兩個女兒，娥皇及女英，後面的三聖殿則供奉堯、舜、禹。

李清照紀念館：李清照紀念館以各尊蠟像還原李清照故居的原貌。李清照紀念堂前為漱玉泉，取自李清照的詞集《漱玉詞》中的「漱石枕流」。

萬竹園：園內有3套院落，13個庭院、186間房，曲廊環繞、深深庭院。目前設有花鳥畫家李苦禪紀念館，共有14個展覽室，展出400多幅李苦禪的作品及其收藏，著名的作品有《紅梅怒放圖》、《晴雪圖》、《松鷹圖》等。

李清照

千佛山 📷

千佛山，原名「曆山」，位於濟南市以南2.5公里處，高約285公尺。相傳舜曾於曆山腳下耕田，因此當地人又稱之為「舜耕山」。進千佛山大門、拾級而上可看到沿路立著一尊尊的佛像。這些佛像是隋朝開皇年間以降，佛教盛行後開始設立的，由於這裡還有一座「千佛寺」，所以改稱為「千佛山」。園區相當廣大，共分為四大景區：彌勒勝苑、曆山院、文昌閣、興國禪寺。而興國禪寺就是原本的千佛寺。寺內有大雄寶殿、觀音堂、彌勒殿、對華亭；禪寺東側就是「曆山院」，內有魯班祠、舜祠和三聖殿，象徵儒、道、佛三教合一；千佛山北麓的「萬佛洞」，據說集敦煌莫高窟、洛陽龍門石窟、麥積山石窟以及山西大同雲岡石窟的四大石窟於一體。爬到山上還可眺望濟南市區景色，不過這裡的山景並沒有特別突出，園區景色也稍嫌單調，若時間不多可略過此景點。

網站：www.qianfoshan.com **地址**：經十一路18號 **電話**：(0531)8266 2321 **開放時間**：06:30～17:30 **票價**：入門票30元；興國禪寺5元；觀音園3元；萬佛洞15元 **前往方式**：由火車站或趵突泉東門或泉城廣場可搭公車K51抵達，由趵突泉搭計程車約8元。園內纜車單程120元，往返30元

山東放大鏡

由於山東重量級的景點門票大約是100元人民幣以上，中量級約50元人民幣，普通級的是15～30元人民幣，除了門票之外，裡面的電車接駁、小巴士、纜車，全都得另外付費，花費很大，因此建議參加當地旅行團或上淘寶網等網站購買優惠票。

1.2.3. 佛山內的各尊佛像石雕。

濟南去哪買？

濟南是山東省會，除了青島，這裡的商店應屬山東省最齊全的。市區以泉城路為主要購物街，並有多家百貨公司，沿路有Erike、Metersbonwe等平價休閒品牌及S. Deer上班族服飾專賣店。新開的百貨Parc 66引進了許多品牌，急追北京上海潮流。若想逛大型超市可到泉城路口萬達購物廣場內的沃爾瑪超市。

1. 泉城路沿街有許多品牌專賣店。
2. 沃爾瑪超市可買到各種山東當地小食。
3. 泉樂坊內的服飾店。
4. 泉樂坊。
5. 泉樂坊內的小咖啡館。

縣西巷泉樂坊 🛈

縣西巷是濟南政府所規劃的文創區，在大明湖側面，以泉樂坊為主，聚集多家咖啡館、創意小店、服飾店及餐飲店。當然這邊的價位也比較高。特別推薦19八3，是中國本土創意商店，有許多本土設計師的手創產品，位於泉樂坊138號。

地址：縣西巷9號　電話：(0531)8319 9999　前往方式：搭公車K54行經趵突泉、大明湖、縣西路及芙蓉老街

濟南買什麼？

濟南較著名的特產為「阿膠」。阿膠是驢皮經煎煮、濃縮製成的固體膠，主要功效為補血，止血，滋陰潤燥。推薦大明湖對面、大明湖路及縣西路口的東阿阿膠專賣店。

Parc 66恒隆廣場 🏢

　　2011年下半年才剛開幕的恒隆廣場，為山東引進了許多潮流品牌及餐飲店。內部設備非常時尚且現代化，洗手間還貼心設計了小朋友的衛生間。

　　1樓多為精品店，包括Boss、Versace、Hermès等國際品牌，也有Versus時尚咖啡館。另外還有加拿大進口的優格大道酸奶冰淇淋，強調只選用A級水果、不冷凍、不過夜的新鮮食材。2～3樓多為年輕潮流品牌，包括Izzue、Zara、Muji、Uniqulo等，另外還有許多個性品牌，如中國本土的JNBY。Ole超級市場則有許多精緻食品及生鮮。

　　商場內還有許多餐飲選擇，如朝天鍋火鍋店，光是醬料就有20多種，食材新鮮、湯頭棒、且服務態度非常好。6樓設有多家精緻餐廳，如知名川菜館巴山夜雨、喜家德水餃、湘鄂情懷等。

1.新開的Parc66百貨。**2.**喜家德餃子館。**3.**6樓精緻餐飲區。**4.**朝天鍋時尚火鍋店。

網站：www.parc66.com　地址：泉城路188號　電話：(0531) 8993 6888
營業時間：10:00～22:00　前往方式：由火車站前可搭3路、K51等公車

濟南美食巡禮

古色古香的芙蓉老街

芙蓉老街

濟南有芙蓉街、金菊巷、王府池、曲水亭、百花洲等古街，其中以位在泉城路中段的芙蓉老街人氣最旺，整條街道仍保有中西合璧的2層樓老建築、極具懷古氣氛。

芙蓉老街是明末清初形成的商業街，現在則以各種山東美食小館、燒烤小吃吸引各方食客，尤以芙蓉老街到曲水亭街這一帶最熱鬧，傍晚時可在此吃烤肉、羊肉串燒、暢飲啤酒。

濟南放大鏡

濟南永長街為回民社區，以燒烤街聞名，為濟南夜生活的重點區域。來此應尊重穆斯林（伊斯蘭教）的一些習俗，例如：忌說「肉」，應說「菜」，如「牛菜」或「羊菜」；忌說「殺」，應說「宰」；對食用的禽畜忌說「肥」，應該說「壯」。此外，進入清真寺請勿抽煙。

總是大排長龍的胥記麵館

永常街夜市、萬達廣場

永常街的回民燒烤相當著名；經二路萬達廣場外，晚上會有些小吃，如麻辣燙、蒙古煎餅。

芙蓉街口仍保留座牌坊

萬達廣場外的蒙古煎餅

山東放大鏡

山東人還是習慣吐痰，所以走在路上除了要小心汽車、電動摩托車、自行車之外，還得小心飛痰喔！

在濟南住一晚

濟南市區有許多平價的快捷酒店，設備整潔且現代化；另還有些高級酒店，如銀座商城旁的Sofitel，經四路的萬達凱悅也即將全新開幕。若想住火車站附近可考慮麗天大酒店，距離火車站不遠，這區也不像火車站前那麼混亂。

山東政協大廈維景大酒店 🛏️z

維景酒店位於泉樂坊對面，路底就是大明湖，步行到泉城路商圈也不遠，這區的環境又較為安靜。房間布置算是中規中矩，舒服且整潔。

同等級的旅館也推薦泉城路上貴和百貨裡的皇冠假日酒店。

網站：www.hkctshotels.com/jinan　地址：濟南市歷下區縣西巷10號　電話：(0531)6666 9666／免費電話(800)888 0000　票價：1200元起前往方式：K90、81、20路、K96、201路、126路、K56、117路公車直達旅館門口

錦江之星大明湖店 🛏️z

位於大明湖不遠處，房間明亮、乾淨，不過毛巾較舊，可自備。

網站：jj-inn.com　地址：銅元局前街11號　電話：(0531)8602 7999　票價：169元起前往方式：到濟南火車站約3公里、10分鐘車程（12元），到濟南西高鐵站約25分鐘（40元）；距離泉城廣場約800公尺，步行到大明湖或五龍潭約5分鐘路程

房間空間設計良好、明亮且乾淨。

||||||||||||||||||||||||||||||||||||||||

其他住宿推薦

1. 若想靠近趵突泉可選擇錦江之星泉城廣場店（濼文路5號／(0531)6131 6666）。
2. 泉城路跟泉城廣場之間的漢庭酒店及如家快捷酒店位置也相當好，參觀趵突泉或逛街都很便利。（趵突泉北路21號／(0531)8178 1888）

泰安

泰山

Taian

浩氣靈山

關於泰山

岱宗夫如何，齊魯青未了。
造化鐘神秀，陰陽割昏曉。
蕩胸生層雲，決眥入歸鳥。
會當凌絕頂，一覽眾山小。　　～杜甫《望岳》

　　泰安市以「登泰山而小天下」的泰山而聞名，泰山雖然才1,545公尺，
卻常讓泰山人自豪地說：「山不在高，有仙則靈。」泰山氣勢磅礴的岩
壁與充滿靈氣的千年古樹，沿路刻著歷代帝王及文人墨客留下的碑文，
的確增添幾分氣質。

　　古云「泰山安則四海皆安」，這著名的泰山即坐落在泰安城，整座
小城也以泰山為主，供應遊客登泰山之所需，市區並沒有什麼特別的景
點。火車站附近有些連鎖餐廳及旅館，上山前可先到火車站左前方的大
潤發購買乾糧。不在泰安過夜者，可將行李寄放在火車站內的寄物處(大
潤發有免費小寄物櫃)，帶水、乾糧及禦寒外套輕裝上山即可。

泰山的名氣讓它一直是遊客如織

泰山

紅門巴士站 ■ 孔子登臨處

一天門

泰山文化廣場

環山路

虎山公園

天外村

金山路

金山東路

紅門路

金山公園

朗讀精品酒店

擂鼓石大街

普照寺路

岱宗大街

龍潭路

紅門路

傅公街

如家快捷酒店

文化路

岱宗大街

青年路

岱廟

虎山路

龍潭路

往泰山高鐵站

康復路

泰山第一行館

東岳大街

麗景廣場酒店
大潤發

校場大街

泰山國際青年旅館

名人酒店

運舟街

通天街

財源大街

龍潭路

漢庭及漢庭海友客棧

金橋緣餐廳

泰山美術館

全福街

財源大街

校場大街

奈河東路

財源大街

青年路

東湖

泰山火車站

往巴士站

泰安市區地圖

泰安行得通

火車／高鐵

泰山站屬京滬鐵路，班次多，火車旅遊相當便利。但前往泰山的遊客多，旺季或假日要先訂好往返車票。

泰安有兩個火車站，市區為一般車停靠的泰山站，郊區為高鐵停靠的泰安站，距離市區約20～30分鐘車程(計程車費約20元)，市區火車站前有17及18路公車接駁。

長途巴士

泰山長途巴士站在火車站後面約500公尺處（穿過地下道），到青島四方長途巴士站約6小時車程。泰山到濟南約1.5小時，泰山到曲阜約1小時。

公車

泰安城內除了岱廟之外，就是登泰山。可從泰山火車站前的肯德基右側公車站搭乘K3公車（2元），行經岱廟、紅門(步行上山起點)、天外村(乘車到中天門的巴士站)，約15分鐘車程。

計程車

多人共乘的話，則可善用計程車。泰安市區計程車起步價5元，之後每1.5公里1.5元。搭計程車到紅門約10元，到天外村約5元。

一般車停靠的泰山火車站。

火車站附近非常塞車，除了汽車、電動摩托車、巴士，有時連馬都出來一起湊熱鬧。

泰安市旅遊局

網站：www.tata.gov.cn
地址：泰安市岱宗大街230號
電話：(0538)820 9949

前往主要城市車班		
城市	高鐵需時	K快車需時
北京→泰安	2～2.5小時	5～7小時
上海→泰安	3.5～5小時	11～14小時
青島→泰安	約3小時	約6～7小時
濟南→泰安	約20分鐘	約50分鐘
曲阜→泰安	約22分鐘	約1.5小時

泰山怎麼玩?

每年4～11月是登山旺季,5月是登山觀日出的最佳時期;夏季多雨,但雨過天晴時紅霞與雲海最美;海上日出則只有夏至及冬至前後幾天才有機會看到。每年9月6～8日為泰山國際登山節。

上山 從紅門爬上泰山約10公里路,至少需4～5小時,一般走走停停約5～6小時。

紅門－中天門 2～3小時→中天門－南天門 2～2.5小時→南天門－玉皇頂 40分鐘

下山 下山約3小時,建議搭配巴士或纜車以節省時間。

路線❶:接原路步行下山,或由南天門搭纜車下山,約10分鐘車程。
路線❷:由南天門搭纜車到桃花峪,再由桃花峪搭巴士到天外村。天外村到中天門巴士車程約30分鐘,桃花峪搭巴士下山也約30分鐘。

1. 最完善的登山裝備,階梯比較多,可帶個登山杖。
2. 沿路都是些石敢當紀念品。
3. 沿路會有賣蔬果、泡麵的小販。

登泰山,不可不知!

1. 出發前須留意天氣預報。泰安夏季炎熱多雨,冬季寒冷乾燥。泰山海拔1,545米,高山氣候明顯,山頂氣溫比山下低7～8℃。上山記得帶禦寒衣物,尤其是玉皇頂風大而冷。
2. 有些遊客會選擇夜登泰山,早上抵達山頂看日出,或夜宿泰山頂,隔天早上看日出。冬季山上很冷,旅館暖氣設備不佳,觀日氣溫約零下10度,寒風強。
3. 假日遊客如織,沿路有很多廁所,但衛生及設備較差。
4. 沿路都有賣飲料及捲餅的小攤,但山上水及食物較貴,可自己從山下帶乾糧、蔬果、水。
5. 泰山的特產有石敢當及小葫蘆吊飾,但基本上並沒有什麼較有品質的紀念品。

泰山怎麼玩？

精選路線！泰山1日遊
→

出發地點	10:00～10:30	10:30～11:00	11:00～13:00
泰山火車站	從火車站或旅館到天外村（K3號巴士或計程車）	天外村巴士站到中天門（小巴士）	中天門到南天門（可選擇步行或搭纜車）

13:00～14:30	14:30～14:45	15:00～15:30	**TIPS**
南天門、天街、玉皇頂（步行）	南天門到中天門（步行或纜車）	中天門（或桃花峪）搭巴士到天外村	不方便爬山或停留時間較短者可從天外門搭巴士到中天門，再由中天門搭纜車到南天門。

泰山觀日出

泰山觀日出也是旅遊重點之一，一般遊客會到日觀峰看日出，可拍到以拱北石為前景的日出照。此外，瞻魯台也是不錯的觀日地點。可親身體驗李白《泰山吟》的詩中意境。

日觀東北傾，兩崖夾雙石。
海水落眼前，天光搖空碧。
千峰爭攢聚，萬壑絕凌厲。
緬彼鶴上仙，去無雲中迹。
長松入雲漢，遠望不盈尺。
山花異人間，五月雪中白。
終當遇安期，于此煉玉液。　～李白《泰山吟》

泰安必遊景點

岱廟 📷

岱廟又稱東嶽廟，始建於秦、漢年間，唐宋時曾多次擴建，是歷代帝王祭祀泰山神的地方，因此又稱天子廟或神宮。許多人登泰山前都會先到岱廟拜泰山神。

岱廟總面積約97,000平方公尺，城牆高10公尺，建築有如宮殿，南北縱走、左右對稱。首先會看到「岱廟坊」的牌樓，接著就是南面的正門「正陽門」。整座廟依中軸線規劃了配天門、仁安門、天祝殿及後寢宮。其中以宋代所建的天祝殿為主殿（西元1009年），與北京故宮的太和殿、曲阜孔廟並稱中國三大殿。

岱廟內的沉香獅子、溫涼玉圭、黃釉青花葫蘆瓶，被譽為「泰山鎮山三寶」。

網站：www.daimiao.cn　**地址**：朝陽街7號　**開放時間**：3～4月及9～10月08:00～17:30；5～8月08:00～18:00；11～2月08:00～17:00　**票價**：30元　**前往方式**：公車K3、4或6路到泰安一中或岱廟站下車

泰山 📷

泰山古稱「岱山」，春秋時期才改名為泰山，為五嶽之王。整座泰山的建築群有22處、12座石坊、及2千多座碑石，有如一座「開放式的世界自然遺產」。

其實登泰山並不如想像中的困難，不到專業級的難度，人人皆可挑戰。主要是十八盤的階梯很多，爬起來比較累而已。不過沿路有許多小景點，走走停停，倒也還好。若要習法古人從山下爬上山頂，可從紅門出發，中抵中天門，最後爬

1.2.天外村有個半圓形平台，由平台兩側的階梯下去就可抵達巴士站及泰山購票處。**3.**泰山纜車。**4.**天外村。**5.**天街可租軍大衣禦寒，需20元租金及30元押金。

上十八盤攻頂到南天門、天街、玉皇頂。

目前泰山的交通設施完善，不方便登山者，可到天外村（距離紅門約1.5公里）搭乘中巴到中天門，由此爬上山頂，或者再從中天門轉搭纜車到山頂。遊覽泰山可說是省時又省力，只是泰山收費也毫不手軟，一點都不省銀兩就是了。

網站：www.mount-tai.com.cn 地址：泰安市紅門路45號 電話：(0538)806 6114 開放時間：天外村和紅門路24小時開放；桃花峪、天燭峰05:00～17:00，夏季開放到19:00 票價：旺季127元，淡季100元，可加3元保險，學生票半價；碧霞祠門票5元 前往方式：1.搭乘市區公車K3可到紅門及天外村。2.天外村到中天門可搭乘中型巴士（票價30元）。3.可搭乘南天門及桃花峪的纜車，開放時間為06:30～17:30（風大會停駛），來回票140元，單程票80元。4.可搭乘後石塢纜車（單程票價20元）

初到山東會讓人有點招架不住，因為幾乎大人小孩都有股濃濃的親切鄉音，所以常常是，大家講的都是普通話，卻你聽不懂我，我也聽不懂你的情況。

沿路會經過些小景點

泰山順走 →→

Step1 紅門→中天門

海拔約150公尺，古人登泰山封禪都是從紅門開始，這段到中天門約5小時路程，算好爬的路段。沿路會經過關帝廟、紅門宮、孔子登臨處、萬仙樓、鬥母宮、三官廟、壺天閣等小景點。

紅門

Step2 中天門→南天門、天街

由中天門出發，途經雲步橋、飛來石、五大夫松、東嶽廟、望人松、朝陽洞、對松亭、昇仙坊等小景點。其中最著名的有「望人松」跟「五大夫松」。

「五大夫松」又名「秦松」，因為當秦始皇登泰山時，這棵松樹的枝葉為秦始皇遮雨，因此受封爵為「五大夫」。不過原本的那株官松已被雷劈死，現在的兩顆松樹是後來種植的。再往前走還會看到望人松及對松，沿路有許多老松樹，形就「松濤陣陣」的景象。繼續往上爬是供奉泰山奶奶的朝陽洞，接著才是「昇仙坊」。

昇仙坊

十八盤在此！

Step3 中天門→南天門

人説：「拔地五千丈，冲霄十八盤。」中天門到昇仙坊這段路還算好爬，而由昇仙坊到南天門的480級階梯，相當陡峭，爬起來的確很累人，也正是最具挑戰性、且最經典的「十八盤」。遠望真有如吊掛在空中的天梯，這一段就需要1個多小時。

「登泰山而小天下」這句話雖然算是豪語，然而，當你爬完十八盤的陡峭階梯，看到南天門時，就可以理解古人為何會發出如此豪語了。

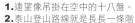

1. 遠望像吊掛在空中的十八盤。
2. 泰山登山路線就是長長一條階梯，最尾段的十八盤最難爬。

南天門

Step4 南天門

南天門是登上泰山頂（又稱岱頂）的門戶，海拔1,460公尺，當你終於征服十八盤後，可在此驕傲地體會一下李白所説的：「天門一長嘯，萬里清風來。」門後的寺廟是「未了軒」，供奉送子觀音。許多遊客會在香爐前掛著刻字鎖頭，以表永結同心之意。

1. 碧霞祠。**2.** 天街上有許多小鋪。**3.** 天街。

Step5 天街

抵達南天門後，會看到廟後的商店街，這就是泰山頂上的天街，意即「天上的市街」。600公尺長的鋪石路是山頂的食宿街，小餐館及旅館都集中在此，可在此稍作休息，消費多因觀光勝地而提高不少。

天街

Step6 天街→玉皇頂

由天街往玉皇頂走，沿路行經碧霞祠、大觀峰等小景點。碧霞祠主祀泰山女神碧霞元君，建於宋朝（西元1009年），是泰山頂上的祭拜重點，院內東西兩側立有乾隆皇帝的御碑。玉皇頂是泰山的最高峰，寺廟正殿供奉玉皇大帝，古代帝王封禪泰山就是在此祭天，祈求百姓安康。

玉皇頂上神寺內部

遊客較少的西路線怎麼走？

若還有時間，或第二次遊泰山者適用。

出發地點	10:00~10:30	10:30~11:00	11:00~13:00
泰山西路大門	桃花峪	扇子崖	黑龍潭

13:00~14:30	14:30~14:45
馮玉祥墓	普照寺，沿路林間清溪淙流，較為清幽。

泰安吃什麼？

人說泰安有三美：白菜、豆腐、泰山水，而一般遊客登泰山時，總會跟路邊的小販買個捲大蔥。山東大蔥自是有名，嗆味香氣捲在溫實的麵皮中，料理雖然簡單，卻別有一番滋味。

此外，泰安市區也有些小餐館。火車站前肯德基旁有家金橋緣連鎖餐廳，以過橋米線著稱（15元），強調湯頭為真雞湯，非常鮮香。套餐僅21元，份量大，可兩人共享。

火車站左前方的大潤發內也有許多家餐廳，想吃北平烤鴨者，這裡有一家裝潢時尚的烤鴨餐廳。

1. 泰山沿路都有捲大蔥小攤。**2.3.** 金橋緣連鎖餐廳的過橋米線套餐。**4.** 捲大蔥。

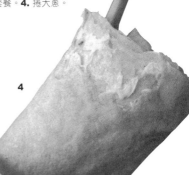

泰安住宿

泰山頂天街週屆的住宿有：仙居賓館、神憩賓館等。若要看日出可考慮日觀峰的日觀峰賓館（靠近玉皇頂，由天街步行約30分鐘），但天候不佳時並不建議住在這裡，會覺得很荒冷。山上旅館的暖氣設備較不好，冬季不建議住在山上。而五一假期及十一假期時，房價會漲上3倍，雙人套房約1,600元。或者也可租帳蓬露營，租金約200元。

天街上有些小賓館

泰山國際青年旅館

泰山國際青年旅館為明清仿古建築的青年旅館，靠近泰山腳下，服務態度好，房間簡潔。除了多人房外，也有私人的雙人房。可租腳踏車遊城，到市區各處的距離都不是太遠。

網站：www.yhachina.com/ls.php?id=188　地址：泰安市通天街65號　電話：(0538)628 5196　票價：6人間每人45元，3人間每人80元，雙人套房188元　前往方式：**1.**可從火車站搭1路、7路、8路、13路公車到通天坊下車後，在馬路對面可看到通天坊的牌坊，進入後沿通天街北行200公尺，在路的左側可看到青年旅舍的招牌。
2.從長途汽車站過來者，可搭乘7路、8路公車到通天坊，新汽車站下車，乘坐4路車，在岱廟下車，沿通天街向南走200公尺，會在路西側看到泰山國際青年旅舍的標示牌。**3.**從火車站或汽車站搭計程車時可跟司機說到萬力大廈北，約8元。

其他旅館推薦

朗讀精品酒店
（紅門路30號／0538-622 6977／雙人套房網路特價199起）：靠近紅門。

名人酒店
（東岳大街中段15號／0538-822 0001／雙人套房280元起）：附近有些商店，距離火車站約5～10分鐘車程。

麗景廣場酒店
（泰山廣場東鄰望岳東路／0538-698 6666／420元起）：4星級旅館，位於泰山廣場東鄰，距離火車站約3公里，週邊用餐的地方挺多的，位置便利。

漢庭快捷酒店（泰安火車站店）💤

漢庭火車站店交通相當便利，就在火車站前，一抵達即可將行李放在旅館，登泰山去。房間相當乾淨，房內設施規劃比其他快捷酒店還要方便使用，提供免費無線網路，服務態度很好。

隔壁的漢庭海友客棧是漢庭快捷酒店平價版，房間坪數雖然真得很小，但該有的設備也都有，衛浴相當乾淨，而且價位便宜（99～129元）。設有洗衣機（洗一次衣服僅需20元），也有青年旅館常見的休閒設施。

網站：www.htinns.com　地址：泰安市龍潭路14號（火車站右前方）　電話：
(0538)508 8000／免費電話(800)888 0000　票價：標間（雙人套房）129～189元　前
往方式：由市區泰山火車站步行約3分鐘，就在火車站右前方，肯德基對面

山東放大鏡

問路時會發現他們是把你視為當地人，以他認為大家一定都知道的方式來回答。所以當你得到一個模糊的答案時，一定要再提出精確的問題，譬如說：第幾個路口要轉彎？

乾淨整潔且設備齊全的漢庭快捷酒店。

曲阜

Qufu

聖賢之境

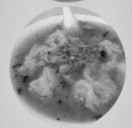

關於曲阜

位於山東西南側的小城鎮曲阜，原隸屬於濟寧市管轄。相傳4,000多年前，此地即為少昊都城，周朝時為魯國都城，宋代正

式改名為曲阜。小城乾淨優美，傍晚時常見市民散步於古牆綠樹間。

由於這裡是孔老夫子的故里，城內的「孔廟、孔府、孔林」，並稱「三孔」，1994年聯合國教科文組織將之列為世界文化遺產。小鎮也大張旗鼓地以文革所不容的孔家儒學吸引觀光客，再拉拉雜雜地找些傳說創造出小景點，唯恐這名氣大的三孔，還不夠賺飽遊客口袋裡的銀兩。

1.曲阜城的色彩。**2.**古城中心主街－鼓樓北街。**3.**古色古香的孔廟建築。

3

曲阜行得通

火車／高鐵

曲阜有兩個火車站，位於古城東南方幾公里處的是曲阜站，為一般火車停靠站，多為慢車，通往附近城市（K快車到濟南約2.5小時）。出火車站往前走，可搭3路或5路公車到古城。也可搭火車到兗州站（車班較多），再轉公車到曲阜。

另一個車站為曲阜東高鐵車站，銜接上海北京高鐵車班。曲阜到泰安高鐵站（泰山）約22分鐘，到濟南西高鐵站約30～45分鐘。高鐵站距離古城約15公里，搭計程車到古城約30分鐘，車費為40元（喊價，要小心黑車），由市區到高鐵站為30元。

長途巴士

曲阜長途巴士站位於裕隆路底，古城西側1.5公里處，有2、3、7及8路公車往返古城。往返濟南的車班很多，約2小時車程；到泰安（泰山）約1小時車程；到青島約5小時車程。

1. 顏廟側面的平安超市前有電動三輪車乘車處，價格偏高。
2. 市區會看到這種電動三輪車，另也可搭人力三輪車到孔林或市區各處。

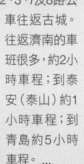

公車

1路市區公車（1元／06:45～18:30）行經市中心的鼓樓門、批發街北路、遊客中心、百意購物廣場、孔子故里園，也可到古城外的大商場。曲阜公交車路線查詢：jining.8684.cn（選擇曲阜線路）

計程車

計程車起步價為7元（首2公里），之後每公里2元。

電動三輪車

除去孔夫子的大名氣，曲阜就是個安靜的小鎮，古城各大景點，都可步行抵達，較遠的孔林距離古城約1.5公里，可搭電動三輪車或人力三輪車。

山東放大鏡

在中國搭公車不流行按鈴下車，下車按鈴反而是很奇怪的行為，一般乘客會大喊一聲「下」，或公車上若有車掌會問：「有沒有人要下的？」

重要資訊

曲阜市文物旅遊局
地址：曲阜市鼓樓北街18號
電話：(0537)441 4789

曲阜必遊景點

曲阜的主要景點為三孔旅遊區，最佳旅遊季節就是每年9月底舉辦的大型國際孔子文化節時。

孔府及孔廟緊鄰在一起，位於古城區，從汽車站步行5分鐘即可抵達景區。參觀完這兩個景點後可參觀顏廟，接著參觀孔林。但若沒時間，可略過孔林這個景點。六藝城則是現代人工化的遊藝場，沒時間也可略過。三孔遊覽時間約需4小時，顏廟約40分鐘。

古色古香的健康教育室。

市區的街區以鼓樓北街及五馬祠街為主。可住在濟南，安排1日遊當日往返，或者參觀曲阜後住在泰山，隔天登泰山。

大成門

三孔文化景區 📷

地址：神道路（孔廟及孔府）、林道路（孔林）

電話：(0537)441 4002 **開放時間**：07:30～16:30

票價：孔廟單票90元，孔府單票60元，孔林單票40元，三孔聯票150元（贈送漢魏碑刻陳列館），24小時有效。學生持學生證可享受半價票優惠，60歲以上老人持身份證等有效證件可享受半價票優惠。 前往方式：1、2、3、5路公車可到孔廟及孔府；1路公車可到孔林；各景點間也有旅遊電動車接駁，票價為15元/人（團隊10元/人）；三輪車2元（也有些喊到3～5元）；穿過顏廟後側的城門，沿北關大街直走約1.5公里可到孔林，約需20～30分鐘

三孔文化景區

三孔文化景區─孔廟

　　建於西元前478年，是目前規模僅次於故宮的古建築群，被譽為中國古代大型祠寺建築的典範，為中國三大古建築群之一。（另兩個為：明清兩朝皇宮－北京故宮、清朝夏宮－承德避暑山莊）

　　孔廟又稱為聖廟，在孔子過世後第二年（西元前478年）魯哀公將孔子故居改建為廟，後來各代帝王又不斷加封、擴建，清雍正再度大幅整修，建設為現在所見的規模。孔廟占地面積約9,600平方公尺，共有九進院落，以南北為中軸，縱長630公尺，橫寬140公尺。分左、中、右三路，貫穿整座建築，左右對稱，布局嚴謹。共有460多間殿、堂、壇、閣，54座門坊，13座「御碑亭」。由於孔廟內有許多歷代留下來的珍貴碑刻，數量僅次西安碑林，因此又有「第二碑林」之稱。

孔廟景點

聖時門：跨門檻時，男生左腳先進，女生右腳先進。

至聖門：這三個字出自雍正皇帝之筆。有趣的是，「至」上面少了一橫，意喻孔子思想是絕頂的，蓋不封頂，而這座石坊也是孔廟內最高的。

金聲玉振坊：孟子曰：「孔子之謂集大成。集大成也者，金聲而玉振之也。」意為孔子的思想集眾音（古聖賢思想）之大成。而「玉」字的那點，特別點在中間，因為古代奏樂以金鐘發聲，玉磬收尾，而敲玉磬時，敲在正中間聲音最為動聽，亦喻孔子的中庸之道。

太和元氣：象徵孔子思想的天地、日月和諧之氣。

弘道門：此為孔廟最初的正門，建於明代。雍正時命名為弘道門，匾額則出自乾隆皇帝之筆。

龍鳳樹：據傳乾隆皇到孔廟時，曾倚在這樹上歇息，因而有了帝氣，之後樹上便突出樹瘤，有如一條龍，後面另一棵樹則有如鳳凰展翅起飛，呈現出龍鳳呈祥的畫面。

十三碑亭：分別排列在南、北兩邊，南有8座，北有5座，為歷代立碑。清朝的底座多以龍頭、龜身、鷹腿、蛇尾等神獸所負。北排第三座碑亭，碑身重35噸，連同碑座重達65噸，是清康熙25年所立，為其中最大的。

大成門：此筆出自雍正之手。這是孔廟的最後一道門，自此分為三路，東為承聖門，原為孔子故居，通往奉祀孔子前五代祖先的祠寺；西為啟聖門，通往孔子父母奉祠；中路三門並立，大成門居中，雙邊的偏門為金聲門與玉振門。

太和元氣

十三碑亭

龍鳳樹

孔廟建築大觀

1杏壇 傳説是孔子當年講學的地方，由於周圍種著杏樹，因此取名為杏壇。據説這一詞最早出自《莊子漁父篇》：「孔子遊乎緇帷之林，休坐乎杏壇之上，北子讀書孔子弦歌鼓琴。」但是否真的在此，則不可考。杏壇前有一壇香爐，相傳過去燒香時要舉過頭頂，因此有了「燒高香」之説。

2先師手植檜 為孔子所植，曾多次枯死，但每每隔年逢春又重生，有如孔子思想的興衰轉變。

3杏壇碑 共有兩塊，一塊是金朝大學士黨懷英的「杏壇」篆書，筆觸蒼勁古雅。另一塊為清乾隆皇帝的「杏壇贊」，其中「杏」字寫得特別工整，藉以表示對先師的尊崇。

4 奎文閣 原名藏書樓，始建於宋代，為乾隆皇帝所題寫的閣匾。《奎文閣賦》則由明代詩人李東陽撰文，名書法家喬宗書寫。

5 魯壁 「壁」字下面的土還多點了個點，暗示壁內藏有東西。據說當時為了逃避秦始皇焚書，便將《論語》、《尚書》、《孝經》等孔子經典書籍藏在夾牆中。直到擴建拆除故宅時，才又重見天日。

6 家譜碑 藏孔家譜的地方。

7 大成殿 俗話說「無事不登三寶殿」，這就是其中一殿，也是祭祀孔子的正殿。與北京故宮的太和殿、泰安岱廟的天祝殿並稱為東方三大殿。

三孔文化景區─孔府

　　由於漢代以後才開始尊孔，因此孔府是孔子死後1800多年才建的，漢高祖十二年（西元前195年）開始賜爵後，擴建府邸，孔子嫡系子孫始居於此，因此成為中國封建社會官衙與內宅合一的典型建築。孔府又稱「衍聖公府」，因為明朝時衍聖公有如朝中一品大夫，並且可以世代沿襲，因此孔府又有「天下第一家」之稱。

孔府內宅

　　孔府佔地16萬平方公尺，九進院落，分東、西、中三路：東路為家祠所在地，報本堂、桃廟等；西

孔府景點必遊

大門 「聖府」匾額為明朝大奸臣嚴嵩所書，府門兩邊的對聯為紀曉嵐所題：「與國咸休安富尊榮公府第，同天並老文章道德聖人家。」相傳紀曉嵐當時在為孔府書寫門聯時，一直找不到靈感，後在睡夢中夢見一老翁在他寫的「富」字上少寫了一點，「章」卻破「日」而出，醒後他將此夢悟為「富貴無頂」、「文章通天」。

重光門 明世宗親頒「恩賜重光」匾額。一般官宦人家不可建重光門，只有封爵的「邦君」才行。

二堂 據說是衍聖公接見四品以上官員的地方。大堂之後有通廊接二堂，廊上擺有長紅漆凳，稱為「閣老凳」，為官員等候參見時所用。據傳明代權臣嚴嵩將要治罪時，曾到孔

二堂

府請衍聖公向皇帝說情，但被拒絕，這板凳就此成了嚴閣老的「冷板凳」。堂內還有甘蔗杖，據說孔府為了體面，處罰下人時，便用甘蔗杖，痛的時候要叫「甜」，而不是「痛」。

開門見山石 開門見山石，寓意孔府官員的作風。

路為衍聖公讀書、學詩學禮、燕居吟詠和會客之所，忠恕堂、安懷堂，南北花廳為招待一般賓客的廳堂；中路是孔府的主體，前為官衙，設三堂六廳，後為內宅，最後是花園。共有463間廳堂。

　　孔府內有大量的歷史文物，最著名的是「商周十器」，原為宮廷的青銅禮器，清乾隆三十六年賞賜給孔府。另還有金石、陶瓷、竹木、牙雕、玉雕、珍珠、瑪瑙、歷代名人字畫等。

孔府家祠

庭院深深的孔府內宅

孔府前上房

孔府前上房的中堂掛有慈禧親筆寫的「壽」字。東房有乾隆皇帝送給孔府的荊根床椅，桌上則有同治皇帝的聖旨原件及明代的景泰藍。

後堂樓

孔子七十七代孫衍聖公孔德成的住宅。據說孔德成結婚時採中西合併禮儀，堂中陳列結婚時的用品及禮品。

石槽

為孔府內宅生活用水來源。據說孔家怕破壞風水，不許在宅裡打井。而孔家家族是典型的封建家族，內宅為女人居所，男人不許看或接觸，因此石槽流水孔還特地造彎，以防男人透過孔眼看進宅內。

後花園

建於明代弘治年間。規模並不大，不過園內有幅彩繪圖，據傳是清朝時孔家一名下人所繪，就像是一幅3D立體畫，無論你站在哪裡，畫中的大道都是衝直著過來的。

孔府前上房

後花園

大成殿小百科

大成殿建築色彩十分考究：朱紅之門，深紅之牆，金黃之頂，黛青之拱。殿外的十根滾龍石柱還有個小故事。相傳皇宮內並沒有盤龍石柱，因而怕被皇帝看到。每次皇帝來祭拜時，便以紅色絲綢遮蔽。但有次颱風吹起紅布，乾隆皇帝看到石龍而大發雷霆。幸而紀曉嵐上前解圍，說這是民間野龍，而皇帝是上天的真龍天子，考慮到野龍會驚擾真龍，才將之包住。

殿內供奉五大聖人、十二先哲，中間為孔子，東邊是復聖顏子、述聖子思，西邊為宗聖曾子、亞聖孟子。十二先哲東西各有6位。孔子身著帝裝，應該是中國歷史上唯一未稱帝卻可以身披聖裝的人。殿上的「萬世師表」出自康熙之筆，「斯文在茲」則出自光緒帝。

三孔文化景區─孔林 📷

　　孔林又稱「至聖林」，是孔子及其後代子孫的家族墓地，共有10萬多座墳塚，是世界上延時最久、規模最大的家族墓地。相傳孔子去逝後，弟子種植各方奇木，因此現在園內有10萬多株各類林木。林間碑石也有4,000多塊，石儀、門坊300多座。

　　孔林位於古城外，特喜參天古木、綠林者可過來參觀，園內有電動車，每人另付20元。

孔林內有10萬多株古木。　　　　　　　孔家墳塚隱於參天古木間。

顏廟

顏廟 📷

顏廟又稱為復聖廟,是祭祀顏回的廟宇,原為顏回故居。顏廟原建於曲阜城東北3公里的五泉莊附近,元延祐四年(西元1317年)遷至此,明朝時又重新修建為現在的規模。現占地23,000平方公尺,也是三路布局,共五進院落,24座、159間元、明、清建築。

地址:陋巷街 **開放時間**:08:30〜15:00 **票價**:50元 **前往方式**:由孔廟出口步行約5分鐘,或搭1路公車

關於顏回

顏回,字子淵,孔子的弟子,孔子曾稱讚他「一簞食,一瓢飲,在陋巷,人不堪其憂,回也不改其樂。賢哉回也矣。」自漢代起,顏回即被列為七十二賢之首,唐太宗貞觀二年(西元628年)尊顏回為先師,元朝又追封為「充國復聖公」,因此顏回又被尊稱為「復聖」。

曲阜延伸景點

尼山

位於曲阜市城東南30公里,海拔340多公尺,山頂共有五峰,中峰為尼丘。除了中峰東麓有孔廟和尼山書院等建築物,孔廟松柏環繞,頗為清幽。另有五老峰、魯源林、智源溪、坤靈洞、觀川亭、中和壑、文德林、白雲洞等,統稱為「尼山八景」。著名的特產有楷雕、碑貼、尼山硯。

地址:曲阜市城東南30公里處
電話:(0537)469 1039
開放時間:08:30〜14:30
票價:50元
前往方式:搭乘公車前往要1〜2小時以上,7元;建議包車較方便,約50元

曲阜吃什麼？

傍晚五馬祠街有很多小吃

餛飩麵

孔府家宴

　　曲阜可吃到孔府家宴，如狀似論語經文的蔬菜花雕等，是由孔子為發想，所創造出來的菜餚；另還有「聖書香」、「一品豆腐」、「列國行」等。

孔府家酒

　　類似高粱的孔府家酒，以三香（聞香、入口香、回味香）及三正（香正、味正、酒體正）著稱。

多種麵食

　　當地居民以煎餅、麵食為主食，路邊小吃或小餐館常見饅饅、燒餅、單餅、油餅、包子、麵條等。孔廟附近與鼓樓北街交叉的人行步道區─五馬祠街，可找到道地小吃，傍晚時段尤其熱鬧，白吉饃及餛飩麵小館都很推薦。西關街區則可找到許多回教美食。

白吉饃

TIPS

需注意避免被當地三輪車車伕，帶去合作的黑店餐廳，以免受騙上當。

曲阜住宿

由於曲阜城的景點一天即可逛完,距離濟南及泰安不遠,城內也不是很熱鬧,大部分遊客並不會留在曲阜過夜,因此城內沒有什麼大型旅館。除了孔府旁的闕里賓舍外,其它多為經濟型旅館。

闕里賓舍

這是曲阜古城內的高級旅館,古色古香,右鄰孔廟、後依孔府。幾乎來訪曲阜的重要賓客都選擇下塌於此。旅館內的餐廳還有孔府菜及孔府家宴,標榜主廚是孔府內廚的正宗傳人。

網站:www.quelihotel.com 地址:曲阜市闕里街1號 電話:0537-4866523 房價:雙人套房280～500元 前往方式:1號公車

其他快捷酒店

■ 漢庭遊客中心店
(靜軒東路遊客集散中心2號樓)
■ 如家快捷酒店孔府店
(靜軒東路34號)
■ 錦江之星市政府店
(春秋路7號)。

曲阜國際青年旅館

地點非常好,就在古城顏廟外,參觀孔府及孔廟相當便利。房舍承襲曲阜古貌,內部設備雖簡單,但算乾淨整潔。房間分「Dorm」(多人合住)及含衛浴的單人或雙人房。服務人員態度很好,也設有餐廳及酒吧區。提供免費無線網路。

曲阜國際青年旅舍

網站:www.yhachina.com/ls.php?id=43
地址:古樓北街北首路西(顏廟西牆外)
電話:(0537)441 8989 房價:家庭房120元,雙人房(標間)100元,床位35元 前往方式:**方式1.** 於曲阜汽車站搭計程車約13元。**方式2.** 搭乘5路公車到批發商場下,轉1路公車到顏廟下。**方式3.** 公車搭到南門站,穿過城門沿鼓樓北街直走到顏廟。**方式4.** 於曲阜東高鐵站搭車前往約40元。**方式5.** 於曲阜火車站搭計程車約14元。**方式6.** 搭K01公車到南門轉1號公車到顏廟下

濰坊

Weifang

詩意翱翔

關於濰坊

　　濰坊因地處平原地帶，一年四季的風都適合「詩意地」放風箏，且這裡的風箏工藝高超又能夠穩定飛翔，自古即是著名的風箏城。

　　清明節前後開始颳起較穩定的南風，最容易讓風箏起飛，因此濰坊每年4月20～25日都會在浮烟山森林公園以東舉辦國際風箏節。期間會有精彩的傳統藝術活動，目前是全球最盛大的風箏大會，也是最適合來訪的季節。其他時間，濰坊就是個安靜的小鎮，市區也不准放風箏，只能參觀風箏博物館及楊家埠遊藝場。

1.2.3. V1廣場前的河濱區是相當棒的市民休閒地

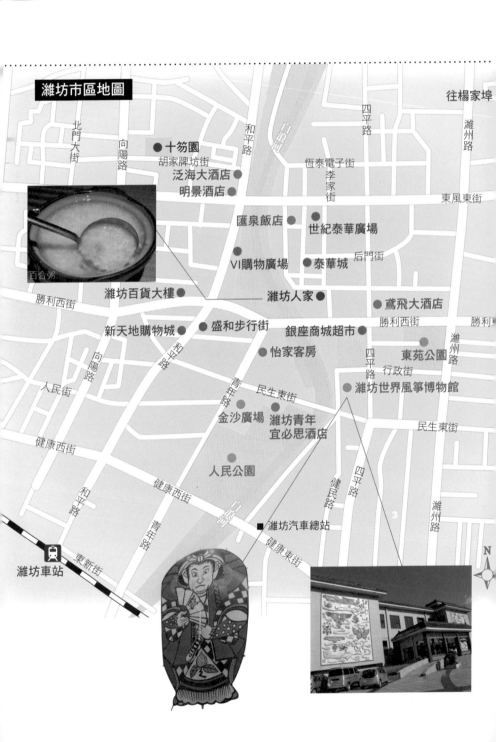

濰坊市區地圖

往楊家埠

四平路

濰州路

北門大街

向陽路

和平街

向陽街

● 十笏園
胡家牌坊街
泛海大酒店 ●
明景酒店 ●

恆泰電子街
李家街

東風東街

匯泉飯店 ●
● 世紀泰華廣場

VI購物廣場 ●
● 泰華城
后門街

百合粥

勝利西街

濰坊百貨大樓 ●
● 濰坊人家
● 鳶飛大酒店
勝利西街
勝利

新天地購物城 ●
● 盛和步行街
銀座商城超市
濰州路

和平路

向陽路

● 怡家客房
● 東苑公園
行政街

人民街

四平路

青年路
民生東街
● 濰坊世界風箏博物館

健康西街

金沙廣場
濰坊青年
宜必思酒店

民生東街

人民公園

健康西街

和平路

青年路

白浪河

健康東街

四平路

民生路

濰州路

3

濰坊車站
東新街

■ 濰坊汽車總站
健康東街

濰坊行得通

火車／高鐵

　　濰坊有高鐵經過，從青島過來僅需1～1.5小時，從濟南站過來約1.5～2小時。可從火車站前搭56路公車到市中心和平路的V1購物廣場、青年路的金沙廣場或勝利西街的風箏廣場，皆僅需10～15分鐘。

長途巴士

　　濰坊的長途巴士站就在火車站側面的大玻璃建築。

公車

　　17路行經火車站、金沙廣場、風箏廣場、科技市場；56路行經火車站、和平路、勝利西路口的濰坊百貨。

　　5路公車行經和平路、濰坊百貨、風箏廣場、振華商廈、家樂福、楊家埠民族大觀園。

計程車

　　計程車起步價5元，之後每一跳1.6元。濰坊市區很小，多人同行也可善用計程車。搭乘計程車時，也應注意是否為跳錶計程車。

重要資訊

濰坊市旅遊局
網站：www.wftour.cn
地址：濰坊市勝利東街326號
電話：(0536)829 0180

1. 濰坊火車站
2. 火車站旁的汽車總站
3.4. 大潤發也有免費接駁公車。

濰坊必遊景點

1. 風箏廣場。**2.** 世界風箏博物館。**3.** 龍頭蜈蚣身風箏。

濰坊世界風箏博物館及風箏廣場 📷

　　1987年所創立的「濰坊風箏博物館」，建築設計有如濰坊著名的龍頭蜈蚣風箏，屋脊是一條陶瓷巨龍，屋頂則由孔雀藍琉璃瓦鋪砌而成，有如蛟龍遨遊天空。館內的展場分為兩層樓，大廳所展示就是「龍頭蜈蚣風箏」，由龍頭和蜈蚣身組成，是濰坊最典型的風箏造型之一。

　　館內共有8個展廳，從公元前5世紀的「魯班風箏」到全球各地的風箏，共有1,000多件珍貴的風箏收藏，包括繪出四面楚歌故事的風箏、由一個個故事拼組而成的立體風箏、精細又極具美感的彩繪風箏。還有、還有，你可知道會吹口哨的風箏，長什麼樣子嗎？各國風箏又有什麼特色？可從館內的收藏一窺各國民俗文化藝術，如馬來西亞的風箏有著特殊的圖案及色彩，充滿濃濃的東南亞神迷魅力。

地址：風箏廣場，行政街66號　電話：(0536)825 1752　開放時間：5～9月08:00～18:00；10～4月08:00～17:00　票價：30元，導覽50元　前往方式：16、20、56路公車

各種繪製精細的古風箏收藏。

楊家埠民俗大觀園 📷

1. 風箏的故鄉 — 楊家埠。
2.3. 猶如小村莊的民俗大觀園。

　　精確地說，位於市區東北15公里的楊家埠村，才是真正的濰坊風箏故鄉，因為楊家埠自古就以精細的風箏工藝聞名，光是風箏種類就分串子類、板子類、立體類、軟翅、硬翅和自由式六大系。而楊家埠的民俗大觀園就是為了讓大眾更了解這些民俗文化而設，在典型的明清民間建築四合院中，設立了藝品製作廠、民俗館、年畫館、風箏博物館、嫦娥奔月臺等景區。讓我們了解風箏與木版年畫的起源、製作過程及欣賞精彩作品。

地址：寒亭區渤海路　電話：(0535)725 2050　開放時間：08:00～18:00　票價：60元，學生票30元　前往方式：由火車站可搭5路公車到終點站楊家埠下車，2元，車程約45分鐘

十笏園 📷

　　十笏園是袖珍版的中國北方園林，始建於清光緒11年(1885年)，原名為「丁家花園」。原為明朝嘉靖年間刑部郎中胡邦佐故居，後被濰縣首富丁善寶購為私宅，將北區三間舊樓重建為山水園林，融合了南北園林建築的精髓，現為濰坊市文物陳列館所。十笏園是整個丁宅建築群落的一部分，目前丁宅仍保留了200多間古屋。

　　院內前部以水池為中心，四合式庭院環繞。東為碧雲齋，原是丁家居所；西為誦芬書屋、深柳讀書堂、秋聲館與靜如山房等，為丁氏私塾和客房；中為花園，十笏草畫位於水池前，四照亭居池中，硯香樓、北廳在後。池岸以太湖石堆砌假山林。園內壁上嵌的「揚州八怪」是鄭板橋的真跡石刻。

地址：胡家牌坊街中段　電話：(0536)8321749　開放時間：旺季（6月1日～9月30日）8:30～17:30；淡季（10月1日～次年5月31日）8:30～17:00　票價：30元　前往方式：16、23、56、36、32路公車

濰坊半日遊這樣走

一早先到楊家埠，接著回市中心的風箏博物館，中午到附近的濰坊人家或V1廣場用餐。

濰坊去哪買？

勝利西街與和平路口為主要購物區，靠河濱為V1購物廣場（白浪河廣場），內有大潤發，對面就是中百大廈、盛和步行街、濰坊百貨大樓及新天地購物城；青年路的金沙廣場有Jusco，但內部較老舊了。金沙廣場對面有條批發街，內有豐華商城，街口則有些小吃。

1.4. 濰坊百貨大樓的地下街有許多年輕服飾店。**2.** V1廣場的大潤發大賣場。**3.** 盛和步行街可找到運動休閒服飾。**5.** 勝利西路與和平路口聚集多家百貨公司。**6.** V1廣場前的小橋晚上有些小攤販。

濰坊吃什麼？

奎文區

這區有很多燒烤店及小餐館，走到盡頭過城門就是河濱的V1廣場，夜間橋上會有些小攤販，廣場上有咖啡座及市民活動，適合散步的好地方。這裡也有大潤發及各式餐廳。

1. 濰坊人家這區有許多燒烤店及小館子。**2.3.** V1濱河風情美食街有各式餐廳及咖啡館。**4.** 濰坊人家小餐館。**5.** 拌三生。**6.** 香嫩滷豬肉。

濰坊人家 🍴

　　這裡最著名的是「wasabi」哇沙米雞（18元），太晚來就吃不到了。陶甕熬煮的百合粥（8元）相當清香，非常推薦。此外還有各式小菜及山東家常菜。

地址：奎文區南大街　電話：(0536)827 0797　開放時間：11:00～14:30／17:30～21:30　前往方式：搭公車到風箏廣場，在中國銀行後面、靠河濱的南大街上

濰坊住宿

除了風箏節外，濰坊的遊客並不多，因此城內住宿不多，多集中在火車站附近及V1廣場前的河濱區。

濰坊青年宜必思酒店 🔋

　　IBIS宜必思是法國全球連鎖飯店，最大的特色就是年輕化、平價，具國際住宿水準，房間佈置溫馨，設備齊全。濰坊青年店算是新設點，因此房間設備都還很新，並擁有堪稱所有快捷酒店中最潔白平直的床鋪，櫃台服務人員態度也非常好。

地址：青年路428號金沙廣場6號樓　電話：(0536)709 5555　前往方式：由青年路右轉到民生東街，從綠色招牌的火鍋店走進去即可抵達（在金沙廣場的右後側）

1. 宜必思酒店外觀。2.房內設備完善、乾淨。

煙台

Yantai

碧海浮光

關於煙台

煙台位於山東半島東部，臨渤海和黃海，與朝鮮半島隔海相望。自唐朝以來，煙台的登州灣與廣州、交州、揚州並稱為四大通商口岸，為中國絲綢、冶鐵、造紙等技術傳入朝鮮及日本的管道，因此又稱此為「海上的絲綢之路」。

煙台沿岸有許多海島，並形成優美的港灣及海灘，附近的海域曾多次出現海市蜃樓奇觀，也是一大觀光特點。

目前煙台是個安靜的小港城，市府在沿岸區域建設許多現代燈光設備，並廣闢休閒區域。以當地市民來講，是相當良好的居住地，對觀光客來講，市區景點並不多，主要為煙台山、張裕酒文化博物館及濱海度假。建議可多安排兩天，到長島體驗漁家樂，再到蓬萊參觀蓬萊閣。

1.煙台市博物館。**2.5.**煙台大劇院常有音樂表演。**3.**煙台濱海區。**4.**煙台市博物館前有許多有趣的銅像。

煙台市區地圖

往萊山區

第一海水浴場

福山路

大馬路海北路

三馬路

天嘉酒店
望海樓
虹口大酒店

外灘No.88酒吧

萬年春客棧

張包包子店

北極星鐘錶文化博物館
煙台美術博物館
廣仁路風情步行街
張裕酒文化博物館

海上樂園

解放路

世茂百貨

市府街

南大街

惠浪亭

金海灣酒店

煙台山風景區

海洋
關街
朝陽街

卓民街

北馬路

勝利路

基督教禮拜堂

新華書店

煙台博物館

銀河商廈

購物中心

海鮮城

太平灣茶樓

煙台港

煙台港國際客運站

如家快捷酒店

貴和佰泓名店

匯豐廣場

香悅四季商務酒店

煙台港轉渡碼頭

煙台港汽車轉渡碼頭

煙台站

煙台港客運站

藍煙聯絡線

海港大道

北馬路

煙台港汽車轉渡碼頭

港灣大道

民俗村

方塊燒烤

五燒烤

漢庭海友客棧

煙台中心大酒店

振華商廈

振華商廈

海港路

南大街

煙台北站

馬路汽車站

汽車站總站大廈

青年路大潤發商城

百盛賓館

三站批發市場

三站廣場

燕涵酒館

芝罘屯路

三站賓館

環海路

毓璜頂公園

毓璜頂西路

文化宮西路

大海洋路

經倫街

西大街

文化宮西路

煙台行得通

航空

位於煙台市南郊的煙台萊山國際機場，距離市區約15公里，有飛往首爾、大阪、香港，及中國境內20多個主要城市的班機。到北京約1小時航程、濟南約35分鐘、上海1.5小時、西安2小時。機場有接駁車往返煙台市區（0535-6299 777／10元），搭計程車約40元。

1.煙台長途巴士總站。2.往威海的巴士，一般車況都很好。

火車

地址：北馬路135號（煙台火車站）
電話：(0535)9510 5175

濟南跟青島每天有多班火車往返煙台，但這條鐵路線並不是高速鐵路，最快的為K快車，交通時間較長，若要到外省分長途旅行者，可在濟南或青島換高速鐵路。

長途巴士

煙台有兩個長途巴士站，許多班車也會停靠市區的長途巴士站，搭乘時可詢問清楚。市區的長途巴士總站位於西大街86號（0535-6666 111），在大潤發及百盛商場後面，距離南大街不遠。由於火車速度較慢，這附近的聯外道路路況不錯，建議可善用長途巴士到附近城市。

公車

煙台市公車系統完善且車次頻繁，其中以10路及17路公車最為實用；10路公車從火車站行經熱鬧的南大街、濱海地區；17路公車從火車站行經市政府、朝陽街（老街及煙台山）、張裕酒文化博物館、濱海地區、新開發的萊山產業園。

計程車

市區計程車起步價為7元。

船運

前往主要城市車班		
城市	K快車需時	長途巴士需時
濟南→煙台	約7小時	
濰坊→煙台	約4.5小時	約3.5小時
青島→煙台	約4.5小時	約3.5小時
威海→煙台	需轉車，建議搭乘長途巴士	約1.5小時

※以上資料時有異動，依當地最新公告為準

前往主要城市船班			
城市	渡輪需時	快船需時	備註
煙台→大連	約8小時（114～160元）	約3.5小時（170元）	每天固定一個班次
煙台→仁川、釜山	約16小時	-	每周皆有班次

※以上資料時有異動，依當地最新公告為準

煙台必遊景點

　　煙台最佳旅遊季節為夏季濱海度假、秋季品葡萄酒，主要景點有煙台山及張裕酒文化博物館。

　　由於煙台市的景點並不是太多，大部分遊客會將長島及蓬萊串連在一起遊玩。蓬萊閣算是中國相當著名的景點之一，悠古老建築坐落在壯麗的海岸線上，的確值得一訪。

　　近年也相當流行到長島旅遊，住在島上一般漁家民居，享受海鮮大餐。由於這種漁家樂的旅遊方式相當平價（每人約50～100元含吃住），因此很受年輕自助旅行者的喜愛。

獨家路線→

1. 由長途巴士站或火車站搭車到北馬路這頭的朝陽街，步行穿過朝陽街，參觀煙台山，之後往濱海區域走，參觀張裕酒文化博物館、沙灘區。

2. 由煙台汽車總站搭2小時長途巴士到蓬萊。抵達蓬萊後可由汽車站步行到蓬萊閣景區參觀，約10分鐘路程，參觀時間約1.5小時。接著步行約10分鐘到蓬萊港口，搭40分鐘船到長島，下午遊北長島，隔天早上可遊南長島再返回蓬萊。從蓬萊也可搭車到威海，約2～2.5小時。

1. 煙台市區很適合步行，此為南大街上的天后宮。 2. 蓬萊汽車站的設施較老舊。 3. 蓬萊景區看起來好像很大，其實主要景點就是崖上的蓬萊閣。

1. 張裕酒文化博物館。**2.** 可在酒窖品酒。**3.** 地下酒窖，味道不是很舒服，不特別建議買門票進去參觀。**4.** 館內展示釀酒過程。

張裕酒文化博物館 📷

　　南洋富商張弼士先生，有次在法國領事館聽到煙台的緯度與氣候和法國南部相當，適合種植葡萄酒，他便在煙台買下兩座山開闢葡萄園，於1892年由清朝李鴻章簽發執照，正式創辦張裕葡萄酒。1912年孫中山先生還曾為張裕公司親筆題贈「品重醴泉」。1987年國際葡萄酒局將之命名為亞洲唯一的「國際葡萄酒城」。並於創業100年時成立酒窖和酒文化展廳。

　　張裕酒文化博物館於1992年建館，分為百年地下酒窖和展廳兩部分。酒窖深7公尺，建於1894年，1903年完工，為當時亞洲唯一的地下酒窖。展廳含歷史廳、酒文化廳、榮譽廳、書畫廳四大部分，主要為張裕酒文化的百年歷史。但內部規畫以販售酒為主，若無意購買酒者，不建議特地花錢進去參觀。

網站： www.changyu.cn　**地址：** 大馬路56號
電話： (0535)-663 3623　**開放時間：** 淡季08:00～17:00；旺季 08:00～18:00　**票價：** 50元，可品嘗葡萄酒，導覽50元
前往方式： 從火車站可搭17路公車，另也可搭3、6、8、18、43、45、46、49、50路公車到大馬路下車

煙台山 📷

　　明朝時為了防範倭寇入侵，特別在此設置烽火臺，以狼煙示警，因此取名為煙台。1862年煙台開埠後，英、法、美、德、日、丹等16個國家曾在此設立領事館、教堂和郵局，因此城內有許多中歐合併的建築。

地址：煙台市歷新路7號　電話：(0535)663 2846　開放時間：08:30～18:00　票價：30元，燈塔10元，含導遊及燈塔50元，園內電動車10元　前往方式：3、6、17、43、46路公車，從火車站搭計程車約10元

煙台山

煙台山公園

　　1988年正式成立煙台山公園，整治園內各棟美麗的建築，各棟建築在綠葉光影的點綴下，真是別有一番異國風情。可惜的是，許多展館只有建築本身可看，裡面的展覽內容沒有良好保存，如鎖具博物館則略顯可惜。

冰心紀念館

　　冰心紀念館是中國知名女作家冰心的故居，小巧的白色房舍坐落在浪漫的玫瑰花園中，而眼下則是煙台市景及開闊的海景，是園內迷人又詩意的小角落。

丹麥領事局

　　丹麥領事局的建築彷如童話中的浪漫房舍，園內還有個美人魚雕像，與山下的浪濤相互輝映，彷彿來到美人魚的故鄉。

燈塔

　　可登上燈塔欣賞周遭海景。除了燈塔，附近還有燕台石、抗日烈士紀念塔、石船、惹浪亭、觀海樓等景點。

龍王廟

　　煙台山北面向海之處還有古老的龍王廟，這是中國唯一「坐南朝北」的龍王廟。始建於明末，廟堂共3間，中間供奉龍王神位，左有風伯雨師，右有雷神電神，每年農曆8月18日四海龍王神會日有廟會活動。

關於蓬萊與長島

　　蓬萊是個安靜的小漁村，主要景點都聚集在蓬萊閣景區附近，熱鬧的市區在鐘樓東、西路，也就是戚繼光故里附近。市政府對面的小巷晚上有多家海鮮燒烤攤。市區景點多可步行參觀或搭計程車。市區計程車起步價7元，之後每一跳2元。

　　長島南臨蓬萊，北接旅順，又稱廟島群島或長山列島，共有32個島嶼，島陸面積56平方公里。境內有許多自然形成的港灣及奇礁異石。島上著名景點主要有：九丈崖、月牙灣、仙境源、長島歷史博物館、長島航海博物館、寶塔礁等，附屬群島中有：適合搭船出海看海鷗的萬鳥島（車由島）、翠竹清波的竹山島、蛇著名的黑山島、彩石林立的砣磯島。另也可從北長島搭船到釣魚島趕海，撿五彩海星。晚上則可在夜市吃烤肉及烤海鮮。

蓬萊閣 📷

　　位於丹崖山上的蓬萊閣，自北宋以來，便與黃鶴樓、岳陽樓、滕王閣齊名。相傳這裡是人間仙境，再加上「海市蜃樓」景象的加持，讓許多遊客爭相拜訪。蓬萊閣區內還包括蓬萊水城、田橫山（可搭纜車從空中欣賞海上蓬萊）、水師府、登州古船博物館、登州博物館等。

　　蓬萊水城為現存最古老的海軍基地之一，是宋代「刁魚寨」舊址。明朝又加以擴建，依山勢而築、引海水入城，

形成車馬舟船水陸雙棲的軍事城市，戚繼光當年在此操練水師，擊退倭寇。此外還可搭電動車到明朝名將戚繼光故里，參觀戚繼光牌坊及祠堂、紀念館。

網站：www.plg.com.cn **地址**：迎賓路7號 **電話**：(0535)562 1111 **開放時間**：夏季7:00～18:00；冬季07:30～17:000 **票價**：蓬萊閣85元，戚繼光故里20元，通票100元（包括蓬萊閣、田橫棧道、戚繼光故居等7個景點），搭乘天橫棧道纜車單程票30元，來回票50元；若不想花錢參觀蓬萊閣，走過售票處，校場、騎馬場到都府皆可以免費參觀。 **前往方式**：沿汽車站前的鐘樓北路直走到海濱，再往左轉就可抵達蓬萊閣入口，步行約10～15分鐘；也可從蓬萊閣搭船到田橫島或八仙台景區，每人40元

1. 古色古香的戚繼光故里。**2.** 蓬萊閣建築為宋明時期留傳下來的老建築。**3.** 北大街市場的香料攤。**4.** 往田橫山的纜車。

關於威海

中央電視台威海影視城。

威海也是山東的濱海城市，不過市區景點不多。碼頭區的幸福公園（北起體育路，南至金線頂）規劃得很漂亮，以高45公尺的門字型建築為地標，園內有雕塑、親水設施及餐飲，晚上有精彩的燈光效果及市民活動，碼頭區也有定遠艦可讓遊客登船參觀；大部分遊客會由威海碼頭搭船參觀軍事島嶼劉公島，此處於中日甲午戰爭爆發時，留下悲壯的歷史，因此島上大部分為戰爭景點。郊區的中央電視台威海影視城，

有各國童話般的建築，就像個遊樂園。另外，成山頭風景區有秦始皇行宮改成的始皇廟，是中國唯一祭祀秦始皇的廟宇。

由於威海是最靠近韓國的城市，因此以前有很多韓國人到此設廠，經濟蕭條後，許多韓國人連夜撤走，市區的光明路及海港路（碼頭區），仍留下一些專賣中國遊客的韓國商城。商城內的確有各種韓國食品，但服飾看來多是中國製，品質普通，不要有過多期待。

威海地標——幸福門。

TIPS 劉公島

劉公島位於東部海域重要位置，因此曾被日、英、國民黨占領，後為共產黨的海軍基地。東西長4公里，南北寬2公里，島上主峰為旗頂山，海拔153.5公尺。小島多為翠綠低丘，南部海岸有美麗的沙灘浴場。島上主要景點為甲午戰爭博物館，可看到甲午戰爭時的巨艦及中國水師的歷史文物。
交通的船費與纜車票所費不貲，建議若是對戰爭文物有強烈興趣者，再計畫前往一覽。
劉公島往返船票＋景點門票138元，另加海上遊為178元，再另加纜車費為188元
網站：www.liugongdao.com.cn

威海市區地圖

菊花頂路
髙山路
人民廣場
紀念路
文化東街
文化東街
定遠觀景區
光明路
海濱北路
威海港公園
光明路
統一路
新威路
濰縣街
韓國精品商城
佳佳悅
海港路
環球廣場
昆明路
昆明路
威海港
往劉公島
環翠樓公園
公園路
萬瑞達商廈
威海旅遊碼頭
安源街
體育路
向陽街
威海中心大酒店
西城路
新威路
立醫院
威海百貨大樓
幸福公園
早市
華聯購物廣場
真全路
統一路
民生巷
和平路
東城路
延安街
銀座佳驛威海統一店
百時快捷酒店
東城路夜市
世昌大道
振華商廈
振華量販超市
N

蓬萊吃美食

蓬萊著名美食有鲅魚餃子、漁鍋餅子、海鮮疙瘩等（長途巴士總站對面有家濱海海鮮餃子城，價位合理的小餐館）。漁鍋餅子是由各種魚悶燒而成的，旁邊再放「片片」，也就是玉米餅。

威海吃美食

可在東城路夜市吃小吃，早市則在西城路。威海較著名的美食有紅燒海蔘、干貝芙蓉、鍋煽海蠣子、威海清湯（魚腐湯）。

海鮮麵疙瘩值得推薦

魚餃

車城路夜市

煙台購物去

煙台市區的購物商場有南大街的百盛大潤發商城、振華商廈，及靠近海邊的世茂百貨（解放路與北馬路口）。南大街的振華商廈B1有生鮮超市，販售各種熟食，如大鍋餅、盤絲餅等山東麵食及家常菜。距離長途巴士總站不遠的三站市場，則有各種平價服飾批發、絲畫、古玩、日常生活用品、茶館等，是煙台市民的主要購物區。

振華商廈

世茂百貨

朝陽街

煙台市的老街，街上多為歐風老洋房，有些是老琴房，有些則是古董店，傍晚市民回家時騎著單車穿梭其間，倒也有種溫馨的小鎮風情。不過若真要逛，並沒有什麼特別好買的。但老街的盡頭就是煙台山公園，所以可以在北馬路這頭下車，步行走過朝陽街去參觀煙台山，煙台山門口的海岸街，也可看到許多古典建築。

前往方式：從火車站可搭61、3、17、18、28、50路公車到朝陽街下

1.3. 海岸街上的歐風老洋房。
2. 刺青店。**4.** 朝陽街。

煙台吃美食

世茂百貨前的濱海區域為廣仁路風情步行街（張裕葡萄酒博物館區），這區有許多坐落在老洋房中的高級餐廳及SPA、茶館。

南大街振華商廈旁的天橋下有老字號的方塊五燒烤店。

廣仁路風情步行街。

新的世茂百貨2樓有重慶小天鵝火鍋店，算是中國地區較有名且湯頭頗受好評的火鍋店，3樓也有咖啡館。

煙台盛產蘋果，附近的萊陽梨也很有名。

萊山區的Jusco商場附近有許多日本、韓國及中國餐廳。

世茂百貨不遠處，虹口大酒店斜對面，有家張包子店，皮Q餡香，除了一般的豬肉、牛肉包、鮮蝦包，還有梅菜肉包、木耳肉包、芸豆肉包、蛋黃肉包等。

煙台住宿

煙台夏季旅遊旺季房間比較難訂，建議至少提前一週預訂。

漢庭海友快捷酒店

漢庭是中國境內的快捷酒店，南大街這家分店就在百貨商場旁，距離汽車站也不遠。房間相當整潔、明亮，以「年輕、歡樂、時尚、超值」以及「大客廳、小房間」的設計理念來接待賓客。接待廳有免費的電腦及休閒設施，晚上也會播放電影，自助洗衣一次20元。

網站：www.htinns.com　地址：南大街79號
電話：(0535)215 0088　票價：79～119元
前往方式：南大街與四德街，振華購物中心旁，距離汽車總站1.5公里，距離火車站1公里，步行約15分鐘

1.2. 充滿年輕、歡樂的大廳設計。
3. 房間雖小，但設備卻很齊全。

長島青年旅館

若不想住漁家民宿，可考慮這家平價的青年旅館。

地址：北山鎮北城村　電話：(0535)399 8808　票價：4人間每人60元，大床間160元，標間180元，豪華房300元

煙台、蓬萊海域常有海市蜃樓的景象出現。

其他旅館推薦

錦江之星：位於南大街186號，更靠近大潤發，由長途巴士總站步行約10～15分鐘。

煙台青年旅館：位於開發區泰山路18號內2號樓（0535-6936988），有平價的床位，也有公寓套房、套房和標準間65間（180元起），設有自助廚房等便利設施。

煙台香悅四季商務酒店：位於市府街45號（0535-6288888），雙人房約240元起，位於市府街和勝利路交匯處，鄰近貴和佰泓名店、天天購物、煙台博物館，交通便利。

艾山溫泉國際旅遊度假村：位於棲霞市松山鎮（www.aishan.com.cn），這裡的溫泉水採自地下2,000多公尺處，出水平均溫度為52度，富含多種礦物質與微量元素。園內還有許多中藥養生池，如：當歸泉、艾葉泉、人參泉、靈芝泉、薄荷泉、枸杞子泉等。

中糧君頂酒莊：秋季時也可考慮入住位於煙台郊區的頂級酒莊（蓬萊市君頂大道1號／www.nava.cn）。酒莊總占地面積13.7平方公里，三面為鳳凰湖環繞，西班牙式建築群坐落在萬畝葡萄園中，內有亞洲最大的酒窖及高爾夫球場、跑馬場等設施。每年的9月23日到10月底會舉辦一系列的葡萄採摘節。

銀座佳驛威海統一店：位於威海市熱鬧的商圈（統一路174號／140元起），距離市區的環翠樓公園僅5分鐘路程，步行約碼頭區約25分鐘。

山東旅遊實用資訊

證件準備

台灣人前往中國大陸旅遊須辦理台胞證。在大陸境內只須用到台胞證，但出入境仍須出示護照，請務必記得帶護照出國。

台胞證的全名為：《台灣居民來往大陸通行證》，這是台灣人到大陸探親、旅遊的證件，類似在台灣的身分證，或者是到其他國家旅遊時所攜帶的護照。出入境的檢查站會檢驗並加蓋驗訖章，入住旅館或購買高鐵票時，櫃台也會要求旅客出示台胞證。

台胞證由中國公安部委託香港中國旅行社簽發，台胞證有效年限為5年。但每次入境均須辦理「加簽」，也就是入境許可簽證(大陸稱為《口岸簽證》)，才能入境中國大陸。辦理加簽時，會在台胞證的一個頁面上蓋上口岸簽證章。

換言之，台胞到中國旅遊要先辦理一本等同於護照的「台胞證」，每次入境時都要有簽證，中國稱為「加簽」。出國前可先辦好，或由可辦落地簽的岸口入境，在機場或邊境海關辦理落地簽。

若是沒有事先辦好台胞證，入境中國的口岸時，也可以辦理一種「臨時台胞證」，這種為3個月有效1次性證件，費用為人民幣150元。

156

實用資訊

台胞證加簽

加簽分為兩種，一種為1次性3個月有效簽證，另一種為1年有效多次簽證。
1次性3個月有效簽證：也就是單次簽證，3個月內要離境，出境後該簽證便無效。費用為300元。
1年有效多次簽證：1年內可無限多次進出中國大陸，費用為新台幣2900元。

Notes
搭乘澳門航空可在機上辦理加簽作業。

新辦台胞證所需文件：
1. 護照影本一份
2. 身份證正反影印本一份
3. 兩吋彩色照片一張
4. 如有過期台胞證正本也請一併附上
5. 費用為新台幣1,200~1,600元（5個工作天），3天急件2,000元（各家旅行社代辦費用不一，此價錢僅供參考）

台胞證加簽所需文件：
1. 台胞證正本
2. 費用為新台幣300元
3. 工作天約5天

自己申請台胞證上哪辦

■總社

網站：www.ctshk.com/aboutus/branch_hkgmac.htm

地址：香港干諾道中78-83號中旅集團大廈2字樓

電話：（0852）2853 3573

營業時間：週一至六09:00～17:00，公眾假期休息

■旺角分社

地址：旺角洗衣街62-72號得寶大廈3樓

電話：（0852）2789 5940

營業時間：週一至五09:00～17:00；週六09:00～17:00；公眾假期09:30～12:30、14:00～17:00

■機場辦事處

香港大嶼山赤鱲角機場客運大樓五樓抵港層（禁區）中央客運廊5Z528室（近25號閘口）

電話：（0852）2261 2062

營業時間：08:45～22:00，公眾假期照常

交通

國際航空

每週二、週五各有一班常態包機航班當天往返山東青島與台灣桃園國際機場。

直飛青島的航班：山東航空及中國東方航空

經轉機至青島航班：國泰及港龍航空（香港轉機）、在首爾轉機的大韓航空

包機直飛航班：華航及立榮航空。

直航煙台航班：山東航空、在首爾轉機的華航及韓亞航空。

直飛濟南的航班：山東航空，韓亞及大韓航空則有。

國內航班

青島流亭機場的國內航線可說是遍布全國各地，主要航空包括山東航空、中國東方、中國南方等航空公司。

申請落地簽證

只要持3個月以上有效的台胞證，就可辦落地簽。目前山東省提供3個月1次性落地簽證的口岸有：青島及煙台。其他主要城市如上海、北京、杭州等也提供落地簽證服務。

1. 抵達機場或入口岸時，依指標到落地簽證辦理櫃台。
2. 填寫1份台灣居民口岸簽證申請表，並貼上本人近期2吋正面照片1張。
3. 出示有效期為3個月以上的5年期台胞證。
4. 繳驗台灣居住的有效身份證件（兒童應繳驗戶口名簿）。
5. 繳交人民幣50元。

除了可到航空公司官方網站預訂之外，也可在藝龍網、攜程網、芒果網等旅遊網站訂購機票。

除此之外，還可到平價航空網站搜尋並訂購，常可買到比高鐵還便宜的票價，例如春秋航空（www.china-sss.com/）。

青島流亭國際機場

網站：www.qdairport.com

電話：96567

票價：距離市區約32公里，搭計程車到香港中路約120～140元，車程約1小時。走308高速公路較快，但需另付10元過路費，晚上時段計程車費也較貴。另有公車及機場直達大巴往返於機場和市區之間。

計程車

機場計程車分兩種，一種為豪華車，較為昂貴，另一種為起步價9元的一般計程車，記得跟排車人員說要便宜的計程車。

公車

網站：www.qingdao.8684.cn/z_1a5acedb

行經流亭機場的巴士有：

流亭國際機場發車時間：08:40～22:40每小時一班。

匯泉王朝大酒店發車時間：05:20～20:20每小時一班。

機場巴士 1號線 (701路)	機場巴士 2號線 (702路)
行經香港中路的民航大廈及東海西路的海天大酒店。	約1小時車程，20元人民幣，每小時一班車，行經四方長途巴士站及中山路中段的格林豪泰旅館。

乘坐民航飛機相關規定

每名旅客每次最多可攜帶2瓶（每瓶均不得超過500毫升）碳酸飲料、礦泉水、茶水、牛奶、酸奶、果汁等液態物品，並經開瓶檢查確認無疑後，方可隨身攜帶乘坐飛機；超出此數量者均須托運。旅客不得隨身攜帶酒類（瓶裝、罐裝）。如需攜帶，每人每次不得超過2瓶（1公斤），必須托運。

機場巴士3號線 (703路)

行經東海東路的索菲亞大酒店及海江路的世紀文華酒店。

機場巴士4號線

機場巴士4號線：40元人民幣，直接往返機場及黃島藍海金港大飯店及黃島區政府。

機場巴士4號線 305路

上車付費，按站計費，最高票價為4元，末班車時間為21:00。從機場東側十字路口處（民航路西端）搭乘，步行約5分鐘。行經青島四方長途站、遼寧路、青島火車站、團島、中苑海上碼頭等。由青島四方長途巴士站開往煙台或威海的班車也會行經青島流亭機場。

機場巴士4號線 613路

票價為1元人民幣。

機場巴士4號線 917路

票價為1元人民幣。

渡輪

環球航運在線

www.global56.com/ship/index.ASP

山東臨海，許多沿海城市也有長途渡輪航線，如青島或威海可搭船到大連或韓國仁川。

火車／高鐵

中國大陸的高速鐵路已於2011年開通，讓交通時間縮短很多。而且搭火車不像飛機要提早1小時以上抵達，火車站與市區的距離也較近，方便許多。

TIPS

有些城市高鐵站及一般火車站是分開的，高鐵站通常在市郊5～8公里處，會有接駁車或需搭計程車前往，一般火車站通常在市中心，交通較便利。有些高鐵也停靠一般火車站，訂票時要注意火車站名。若遇到長假一定要事先預訂，尤其是春運、五一及十一這幾個長假。(十一假期第一天的乘客量就高達6900萬人次)。

高鐵車種

高速鐵路的車號開頭為G和協號或D動車。G為最快速的高鐵，時速約250～300公里，D動車時速約200～250公里。車廂內的設備非常舒適，分為一等車廂及二等車廂，也有用餐車廂；其餘的皆為一般車種，其中最快的為K快車，類似台灣的莒光號或復興號。K快車雖然速度較慢，但較能深入中國的庶民生活，快車上的服務人員還會來段順口溜推銷產品，相當有趣的火車體驗！

TIPS

快車座位又分為軟座與硬座，價錢相差不多，建議買軟座座位。長途班車也有臥鋪，搭乘時上廁所要記得隨身攜帶重要物品。

高鐵銜接城市

青島←→濟南、濟南←→泰安(泰山)及曲阜，跨省的京滬線則連接到北京、天津、上海等大城市（途經山東省的德州、濟南、泰安、兗州、棗莊）。

另有京九線（途經山東省的聊城、菏澤）、膠濟線、藍煙線、桃威線、兗石線、新兗線、淄東線等。

由濟南或青島往煙台的班車為一般快車，並非高鐵線，交通時間較長，搭長途巴士較為便捷。

火車臥鋪

K快車

城市間高鐵搭乘需時

青島到濟南	2.5小時／K快車5.5小時
青島到煙台	K快車4小時
青島到泰安(泰山)	3小時
青島到曲阜東	3.5小時／普通車8小時
青島到上海虹橋	6.5小時
青島到北京	4.5～5.5小時
濟南到上海	3.5-4小時
濟南到北京	1.5-2小時

火車時刻查詢網
search.huochepiao.com

中國鐵路公司
www.shike.org.cn/skcx.asp

免費實用App：好客山東高鐵遊

TIPS

在網路上查詢火車或公車時，可直接輸入各城的拼音縮寫，如青島為QD、濟南為JN、曲阜為QF、濰坊為WF、煙台為YT、威海為WH、上海為SH、北京為BJ。

高鐵購票

購買G或D高速鐵路須出示身分證明,台灣遊客要出示台胞證。現在高鐵也開放網路購票,可先上網預購(www.12306.cn);攜程網也推出手機高鐵預訂服務及地圖查詢旅館功能。

若遇到假日,也不需擔心到火車站買票要大排長龍了,因為市區都可找得到代售點,通常都不須排隊,只要多付5元人民幣的代售費就好了。

火車代售處

高鐵改簽與退票

若買好票要改路線或時間,或者想退票者,可到火車站購票處的改

簽及退票櫃檯辦理。改簽只要補差價,發車之前都可辦理。退票則會扣取原票價的5%手續費,需先到服務台蓋章,再到退票口辦理退費。

高鐵乘車

1. 搭車前20分鐘抵達火車站。中國的機場、巴士站、火車站、地鐵站都設有安檢,所有行李都得

卸下放進安檢機中檢查。

2. 看站內的看板，尋找自己的車班次號碼及候車室號碼。

3. 前往候車室候車，大火車站都設有很多座椅，以便容納眾多旅客。約10～15分鐘前會開放檢票進入月台候車。高鐵站乘客多會在自己的車廂前排隊（依地上的車廂號碼）。

4. 高鐵及快車都是對號入座。

長途巴士

網站：www.piaojia.cn

長途巴士的網絡也相當完善，而且主要火車站之間都有舒適的VIP或豪華巴士。東部沿岸許多城市並沒有火車網絡，或者只有快車以下的車種，速度慢，可善用長途巴士。

每個城市都有一個主要長途巴士站，主要城市的車班都是流水車，也就是幾乎每20分鐘就發一班車。例如：青島到煙台或威海的巴士。

公車（公交車）

網站：www.8684.cn

大城市的公交車網絡相當完善，價錢又便宜。站牌都會清楚標明各站名，也可問當地人，旅遊大陸語言並不是問題。市區公交車分2種，K開頭的為冷氣車，一趟票2元人民幣，非冷氣車為1元人民幣。

無人售票： 車自行將錢投進收幣筒中，上面會標明價錢。

按站收票： 有車掌收票，上車後坐定位，車掌會過來收錢。只要告知地點，車掌就會告訴你車票價錢。

注意

無人收票的公車並不找零，最好隨時準備一些1元錢零錢，當地換零錢不易。

計程車

上車告知地點後司機就會把空車牌子壓下，開始計費。每個城市的起步價不同，一般為5～10元不

1. 大陸搭計程車習慣用語是「打D」，所以司機的暱稱就是「D哥、D姐」。
2. 一些小城市的火車站或長途巴士站附近還是有些黑車，最好搭路上跑的空車。
3. 有些小城車站的計程車會以喊價的方式，不以里程計費。
4. 由於大陸對於計程車牌管制很嚴，很難拿到計程車牌，尖峰時間常招不到計程車。

計程車司機座位都有重重保護

等，計程車費算很合理。車上都有投訴電話，若懷疑司機繞路，可以撥打電話告知出發地及目的地，服務中心就可查出一般價錢。因此，一般計程車若是遇到堵車要走其他路，多會先告知。因為司機若違規查證屬實，罰款相當重。

自行開車

濟南與山東省13個城市均有高速公路直接相連，山東省境內的主要

市區的路標非常清楚，會標出前方路名。

旅遊景點幾乎都可通達。特別是青島到煙台或威海的高速公路車流較少，路況很好，可以考慮自行開車旅遊。

但中國並不承認國際駕照，在中國開車還要取得當地的駕照。若要拿台灣駕照換大陸駕照的話，需要是暫時居留在大陸者，且需要體檢再進行換考。

住宿

高級旅館

中國遊客多，幾乎所有世界級旅館在中國各大城市都可找到。

高級酒店的衛浴間

五星級酒店房型

快捷酒店

平價住宿選擇很多，最近興起的快捷酒店，各大大小小城市都可看到，山東省的價格多為149元。這些快捷酒店又開發了不同等級的

快捷酒店房間內會有免費網路、衛浴設備、電視、電話、電熱水壺、衣架、書桌、桌燈、毛巾及浴巾等。

選擇，如果你不介意房間坪數小的話，還有定位於旅館與青年旅館之間的住宿，有青年旅館的親切與便宜，又可入住乾淨、設備齊全的房間，如漢庭系列的漢庭海友。

目前最常見的快捷酒店有宜必思（IBIS）、漢庭、如家、錦江之星、銀座佳驛、7天等，這些快捷酒店在各城市都有很多家分店，而且都有方便觀光或在車站附近的點。

設備方面，分為標準間、豪華套房，標準間的房間雖然不大，但設備很齊全，否則可選擇豪華套房。快捷酒店的特色就是明亮、乾淨。不過雖然大部分酒店都盡量維持在一定水準上，但有些開業較久，毛巾就可以看得出歲月。當然是選擇越晚開的越好。不過無論如何，衛浴設備一定是非常乾淨，這就是快捷酒店最大的優點。

而且這些酒店的網路都是免費的，早餐要另外付費。Check-in的時間很彈性，早到若有空房即可入住，當然退房時間就比較嚴格執行，都是12點退房。

青年旅館

此外，中國的YHA青年旅館也值得信賴，重點旅遊城市的青年旅館還蠻有特色的，可以到中國

快捷酒店衛浴設備

許多YHA青年旅館很有中國味

住宿、氣候

的YHA青年旅館網站查詢（www.yhachina.com）。青年旅館並不限年齡，提供標準間（含衛浴）及多人間，一個床鋪約25塊人民幣起。

訂房，太便利！

中國有很多服務完善的訂房網站，什麼都能訂，就連門票都能團購。若是固定住某一家連鎖旅館者，也可直接到該旅館官方網站加入會員，即可享會員特價。

目前有三大旅遊網站，包含服務稍微較好的攜(ㄒㄧㄝˊ)程旅行網，以及功能差不多的藝龍網及芒果網，服務大同小異，各旅館會不定期與各大網站合作促銷。現在還有種神秘旅館促銷活動，網站會提供一些地點或旅館描述，要訂了之後才知道是哪家旅館。若是四、五星級旅館的話，還可以優惠價錢入住行政套房，享受行政樓層的服務。

芒果網 www.mangocity.com：
有詳細的旅遊、交通及旅館資訊，可直接線上或電話預訂，到旅館付款即可。

攜程旅行網 www.ctrip.com：
可訂購旅館、國內外機票、渡輪、門票、餐廳美食、團購。

藝龍網 www.elong.com：
中國知名的線上旅遊訂購網站，可訂購機票、旅館、團購。

實用旅遊網站

山東旅遊資訊網 www.sdta.com.tw
背包客棧 www.backpackers.com.tw
大眾點 www.dianping.com/citylist
驢評網 www.lvping.com
螞蟻窩 www.mafengwo.cn

山東省有地區報紙，會報導各種地區新聞及市區活動消息

氣候

青島屬溫帶季風型氣候，又濱海，有海洋調節，氣候較溫和，形成特殊的「春遲、夏涼、秋爽、冬長」的季節變化特點。

青島市區春季81天，夏季73天，秋季58天，冬季153天。年平均氣溫12.8℃，七、八月並列最高，平均氣溫均為25.4℃；1月最冷，為-1.5℃。年平均降水量664.4毫米；8月平均降水量最多，1月最少

主要觀光都市月平均氣溫表

	1月	2月	3月	4月	5月	6月	7月	8月	9月	10月	11月	12月
濟南	1.8	4	8	17.1	22	26.6	28	26.5	22.3	15.4	7.9	2.1
青島	0.1	2	5	11.7	16.9	20.1	24.7	25.4	22.3	15.7	9.1	7
煙台	-0.1	0.7	4.6	13	18.1	22.2	25.8	25	21.1	14.2	7.7	1.5
泰安	-1.5	1.2	6.3	14.6	19.7	24.8	26.4	24.9	20.2	13	6.3	0.7
威海	0	1.3	4.8	12.4	17.4	21	24.8	24.7	21.6	15.2	8.9	2.5
曲阜	0.1	3.2	7.8	16.3	21.3	25.8	27.6	26	21.5	14.7	7.6	2.3

資料來源：山東旅遊資訊網

山東四季怎麼穿？

春季(3月～5月)：長袖加薄外套、毛衣，可帶條薄圍巾。

夏季(6月～8月)：吸汗、散熱佳的衣服，防曬用品，有些冷氣商場須穿件薄外套。

秋季(9月～11月)：長袖加薄外套、毛衣，可帶條薄圍巾。

冬季(12月～2月)：厚大衣、毛衣、圍巾、帽子、手套。

貨幣

中國使用人民幣，簡稱「RMB」或「CNY」，代號為「¥」。新台幣可在中國直接換人民幣，目前人民幣與台幣的匯率約1:5。即時匯率請參見：www.taiwanrate.org/exchange_rate.php?c=CNY

貨幣種類

常用硬幣有1角、5角、¥1，較少用的硬幣有1分、2分、5分；常用紙幣有1角、5角、¥1、¥5、¥10、¥20、¥50、¥100，較少用到的紙幣有2角、¥2。

貨幣兌換

現在台灣許多銀行均已開放直接兌換人民幣，出國之前可先到銀行兌換。記得換一些小鈔方便剛抵達時搭車使用。在中國境內也可看到許多兌換處，在機場或銀行均可兌換，另也有些私人的兌換處，但要小心換到假幣的情況。

TIPS

切勿在街頭跟人兌換人民幣，以免換到假鈔。若是大量交易，商家都會準備點鈔機，但要注意商家有沒有開啟辨識真鈔的功能。

氣候、貨幣

如何辨識假鈔？

空白處以螢光透視可看到清晰的毛澤東頭像。

100下方有垂直橢圓形圖案，順時針旋轉45或90度就可看到隱形面額字樣。

手工雕刻毛澤東頭像，旁邊有波紋線，摸的時候有凹凸紋手感。假鈔較厚而平滑。

轉動鈔票時，100的字樣會呈現出藍綠色澤。

1毫米寬的金屬線，垂直反光，可看到小小的「RMB 100」字樣

現金消費

一般小餐館及小商店都只接受現金或當地的銀聯卡付費。當地快捷旅館大多不接受外國信用卡，只接受當地銀行所發的信用卡。所以現金還是要備足，或者攜帶開通國際提款功能的金融卡，以防不時之需。

TIPS

入境時，現金不得超過US$5,000元等值外幣，旅行支票、匯票不限，而台幣不得超過NT$40,000元。離境時外幣不可超過原攜入金額。

信用卡消費

一般旅館、商店、餐廳及國際連鎖旅館均接受銀行卡及信用卡。一般接受以下信用卡：China Union Pay Card（銀聯卡）、American Express、Diners Club、JCB、MasterCard、Visa。

當地銀行

持台胞證就可在中國開戶，長途旅行者也可在當地開戶，再到各城的分行提款。只要填寫表格、存進現金或旅行支票即可，順便開通一卡通，可提款、在店家消費、當信用卡用。不過中國銀行的跨行取款也都要扣手續費。

提款卡

台灣的金融提款卡，可在出國前到銀行開通海外提款功能，並設定4位磁條密碼。到中國，只要看到提款機上有跟你的金融提款卡背面相同的標誌，就可提款。不過每筆提款都要收取手續費，每家銀行收取的費用不一，出國前請先詢問銀行。

實用資訊

通訊

國際電話

目前許多電信業者與大陸電信業都有合作，話費並不是太貴，可以直接撥回台灣，或者善用網路電話，像是Skype或MSN通訊，可節省很多電話費。

由大陸撥回台灣

大陸國際台碼（00）＋台灣國碼（886）＋城市區域碼（去0）＋對方電話

各城市區域號碼

青島 0532	濟南 0531	煙台 0535
威海 0631	濰坊 0536	泰安 0538
曲阜 0537	上海 021	北京 010

使用手機及購買Sim卡

台灣手機拿到中國可直接使用，出國前要先開通國際漫遊才能接撥電話，也可到當地購買Sim卡。目前中國的主要電信公司有中國聯通、中國移動、中國電信，因為大陸的通訊費相當便宜，尤其簡訊更是便宜到非常合理的地步，可善加利用。若要上網，可購買3G卡。購買時需注意：

1. 由於國際電話詐騙案例多，因此現在規定須持證件到店開通國際漫遊，並輸入姓名資料，才能使用國際撥話功能。
2. 購買中國的Sim卡時要特別注意不要到小店購買，有時會買到儲值費短缺的黑卡，盡量到直營店或書報攤購買。
3. 購買預付型Sim卡除了要收一筆卡費外，還要儲值通話費。離開店家前可先撥打到服務中心查詢儲值餘額，確定無誤再離開。
4. 中國的Sim卡分為全國型暢通卡及地區卡，若非為全國卡，在外省份使用電話，就連接電話都要付費。若為跨省分旅遊，可購買全國接聽免費的套裝。
5. 若要上網的話，可購買3G卡，中國聯通、中國移動及中國電信都有提供包月套裝，一個月150MB，20元民幣。另也有10M或20M不等的上網方案，價格都算很合理。網路品質方面，以中國聯通信譽最好，手機通話品質則以中國移動較佳。
6. 中國電信業的服務做得很好，只要撥打免費服務電話，就可以查詢或解決通訊問題。

由台灣撥到大陸

台灣國際台碼(002或其他電信公司國際台碼) ＋ 大陸國碼（86）＋ 大陸當地區域號碼 ＋ 電話號碼

例如：002＋86 ＋ 532(青島) ＋ 12345678

公共電話

不建議購買IC卡，IC公共電話較少。可找到一些投幣式電話，不過公共電話不良率很高。

大陸公共電話不良率較高。

網路

許多旅館或咖啡館都有無線網路，市區也都可找得到網咖，或可購買網路卡。在大陸無法上臉書、推特、及台灣的部落格或政府官方網站，需要以翻牆軟體才能使用。否則可申請大陸的微博或QQ等熱門網路通訊媒體。

電壓與插頭

大陸電壓是220，不過現在大部分電腦、相機及手機充電器都是萬國通用的，萬國通用插頭，包括台灣規格的扁頭插座及歐洲規格的圓頭插座。

購物

購物時都可以講價。但建議盡量不要在旅遊區購物，品質堪慮，價錢也高。中國大陸假貨多，購買時一定要特別注意產品品質，可別花大錢買到黑心產品。

TIPS

度量差異：大陸所謂的一（市）斤，為500公克，而非台灣的一台斤（600公克）或一公斤（1000公克）。

小費

　　大陸並沒有收小費的習慣，包括餐廳、旅館、足浴按摩都不需要收取小費。

旅行安全

　　基本上，山東各城市都蠻安全的，山東人也比較熱心豪邁，只要自己多加注意，1個人旅遊山東也不擔心。

1. 車站或路邊會遇到兜售票或其他東西的人，最好不要搭理。

2. 搶劫事件不常發生，但人多的地方自己還是要小心扒手。皮夾、相機等重要東西要收好，護照可放在旅館內。

3. 避開成群結黨的新疆人。

飲食安全

1. 不要飲用生水。大部分旅館都會提供電熱水器，公共場合也都有茶水間。

這樣的餐具要多收1元

2. 飲料、礦泉水可在超市購買。

3. 腸胃不好者盡量不要吃路邊攤。大型超市也都有當地特色熟食及各類麵食。

4. 很多餐廳的紙巾多要另外收費。若使用放置在桌上以塑膠模包起來的餐具，還要另外付1塊人民幣。

旅遊服務中心

　　各大城市主要景點處可看到旅遊服務中心，提供路線遊覽建議及交通資訊等。不過旅遊服務中心大都不提供免費地圖，須購買或可自行到書局購買地圖。書局有各城市及全省、全國的地圖。

山東省旅遊質監所	濟南市經十路86號	0531-82963423
青島市旅遊質監所	青島市閩江路7號	0532-85912000
當地新聞可參見新華網	www.sd.xinhuanet.com	

緊急服務電話

報警 110	火災 119	救護車 120

交通意外事故 122

準備用品

　行李盡量輕便，行動較為方便。一件大行李不超20公斤，否則航空公司會加收超重行李費，手提行李以一件為原則。

水壺及茶葉

　在大陸行走時，大部分居民都會帶個茶水罐，由於中國人習慣喝茶，所以裡面也會放著茶葉。隨身帶個耐高溫的茶水罐真得非常實用，因為無論是火車上、火車站或各個公共場所，幾乎都可以找到茶水間，提供熱水。

防曬、護膚品

　夏天時記得帶防曬乳液，冬天較為乾燥，身體乳液也很重要。否則各大城市也隨處可見屈臣氏，或到當地藥妝店或超市購買。

紙巾

　一般衛生間並不提供衛生紙，須自行攜帶；許多餐廳的紙巾也是要付費，所以還是自行攜帶為佳！

方便行走的鞋

　海邊景點有礁石，最好攜帶方便行走的鞋子。

禦寒外套

　海邊晝夜溫差大，記得帶件禦寒外套。

個人藥品

　可自備胃腸藥、感冒藥、暈車藥、個人習慣性藥物。

「Help My Friend」實用App

　先存好求助對象，緊急求助時，直接按「SOS」或「Alert」鍵，就會自動傳送你的位址，或聯絡緊急救助單位。

世界主題之旅 78

我的青島私旅行
(附濟南、泰山、曲阜、濰坊、煙臺、逢萊閣、威海)

作　　　者	吳靜雯
攝　　　影	吳靜雯

總 編 輯	張芳玲
書系主編	張敏慧
特約編輯	蔡川惠
封面設計	何仙玲
美術設計	何仙玲
地圖繪製	蔣文欣

太雅出版社
TEL：(02)2836-0755　FAX：(02)2831-8057
E-MAIL：taiya@morningstar.com.tw
郵政信箱：台北市郵政53-1291號信箱
太雅網址：http://taiya.morningstar.com.tw
購書網址：http://www.morningstar.com.tw

發 行 所	太雅出版有限公司
	台北市111忠誠路一段30號7樓
	行政院新聞局局版台業字第五○○四號

承　　製	知己圖書股份有限公司　台中市407工業區30路1號
	TEL：(04)2358-1803

總 經 銷	知己圖書股份有限公司
	台北公司　台北市106羅斯福路二段95號4樓之3
	TEL：(02)2367-2044　FAX：(02)2363-5741
	台中公司　台中市407工業區30路1號
	TEL：(04)2359-5819　FAX：(04)2359-5493
	郵政劃撥　15060393
	戶　　　名　知己圖書股份有限公司

廣告刊登	太雅廣告部
	TEL：(02)2836-0755　E-mail：taiya@morningstar.com.tw

初　　版	西元2012年07月01日
定　　價	270元

（本書如有破損或缺頁，請寄回本公司發行部更換，或撥讀者服務專線04-23595819）

ISBN　978-986-6107-65-8
Published by TAIYA Publishing Co.,Ltd.
Printed in Taiwan

國家圖書館出版品預行編目(CIP)資料

我的青島私旅行(附濟南、泰山、曲阜、
濰坊、煙臺、逢萊閣、威海) / 吳靜雯著.
-- 初版. -- 臺北市：太雅, 2012.07
　面；　公分. -- (世界主題之旅 ; 78)
ISBN 978-986-6107-65-8(平裝)
1.旅遊 2.山東省青島市
671.29/431.6　　　　　　101010791

-(請沿此虛線壓摺)-----

這次購買的書名是：
我的青島私旅行
(附濟南、泰山、曲阜、濰坊、煙臺、逢萊閣、威海)
(世界主題之旅 78)

* 01姓名：_____ 性別：□男 □女 生日：____民國____年

* 02您的電話：_____

* 03E-Mail：_____

* 04地址：□□□□□_____

05您的旅行習慣是怎樣的：
□跟團　　　　□機+酒自由行　□完全自助　　□打工度假
□旅居　　　　□短期遊學

06通常在一趟旅行中，您的購物預算是多少(新台幣)：
□10,000以下　　　　□10,000～30,000　　□30,000～100,000
□100,000以上

07您通常跟怎樣的旅伴一起旅行：
□父母　　　　□另一半　　　　□朋友2人行　□跟團
□親子　　　　□自己一個　　　□朋友3～5人

08在旅行過程中最讓你困擾的是：
□迷路　　　　□住宿　　　　　□餐飲　　　　□買伴手禮
□行程規劃　　□語言障礙　　　□突發意外

09您需要怎樣的旅館資訊：
□星級旅館　　□商務旅館　　　□一般旅館　　□民宿
□青年旅館　　□搭配機票套裝行程的旅館

10您認為本書哪些資訊重要：(請選出前三項，用1、2、3表示)
□行程規劃　　□景點　　　　　□住宿　　　　□購物逛街
□餐飲　　　　□貼心提醒　　　□地圖　　　　□教戰守則

11如果您是智慧型手機或平板電腦的使用者，會購買旅遊電子書嗎？
□會　　　　　□不會

12如果您使用旅遊電子書，您最期待哪些功能呢？
(請選出前三項，用1、2、3表示)
□地圖　　　　□GPS定位　　　□交通　　　　□住宿
□美食　　　　□景點　　　　　□購物　　　　□其他_____

13若你有使用過電子書或是官方網路提供下載之數位資訊，真正使用經驗及習慣？
□隨身攜帶很方便且實用　　　　□國外上網不方便，無法取得資訊
□電子工具螢幕太小，不方便閱讀　□其他_____

14計畫旅行前，您通常會購買多少本參考書：_____本

15您最常參考的旅遊網站、或是蒐集資訊的來源是：
_____
_____

16您習慣向哪個旅行社預訂行程、機票、住宿、或其他旅遊相關票券：
_____
_____

17您會建議本書的哪個部分，需要再改進會更好？為什麼？
_____
_____

18您是否已經照著這本書開始操作？使用本書的心得是？有哪些建議？
_____
_____
_____

填表日期：____年____月____日

- - - - -(請沿此虛線壓摺)- -

| 廣　告　回　信 |
| 台灣北區郵政管理局登記證 |
| 北 台 字 第 1 2 8 9 6 號 |
| 免　貼　郵　票 |

太雅出版社　　編輯部收

台北郵政53-1291號信箱
電話：(02)2836-0755
傳真：(02)2831-8057
(若用傳真回覆，請先放大影印再傳真，謝謝！)

- - - - -(請沿此虛線壓摺)- -

太雅部落格 http://taiya.morningstar.com.tw

有 行 動 力 的 旅 行 ， 從 太 雅 出 版 社 開 始